T0284332

Leila Guerriero (Argentina, 1967) es periodista. Su trabajo se publica en diversos medios de América Latina y España. Es autora de *Los suicidas del fin del mundo*, *Frutos extraños* y, en Anagrama, *Una historia sencilla*, *Plano americano*, *Opus Gelber*, *La otra guerra*, *Zona de obras* y *La llamada*.

La dificultad del fantasma
Truman Capote en la Costa Brava

Justo después de terminar *La llamada*, uno de los mejores libros de no ficción de los últimos tiempos, Leila Guerriero se dirigió hacia la Costa Brava tras los pasos de Truman Capote, quien escribió allí gran parte de su célebre *A sangre fría*. El resultado es *La dificultad del fantasma*, obra de agudeza, estructura, estilo y ritmo soberbios que mezcla investigación sobre el terreno, reportaje sobre la manipulación de la memoria, diario de escritura y reflexión sobre el ejercicio de un género literario que, justamente con *A sangre fría*, Capote pretendió fundar. Género que Leila Guerriero ha llevado a un nivel extraordinario de rigor y excelencia.

La dificultad
del fantasma

Leila Guerriero
La dificultad del fantasma

Truman Capote
en la Costa Brava

editorial anagrama

Esta obra ha sido posible gracias a la Residència Literària Finestres (Palamós).

Primera edición: septiembre 2024

Diseño de la colección: lookatcia.com

ISBN: 978-84-339-2725-5
Depósito legal: B. 8916-2024

Printed in Spain

Liberdúplex, S. L. U., ctra. BV 2249, km 7,4 - Polígono Torrentfondo
08791 Sant Llorenç d'Hortons

Por intentar un comienzo, podría ser este.

Jueves 13 de abril de 2023, cementerio de Palamós, un pueblo de dieciocho mil habitantes en la Costa Brava, España. Tres sujetos –dos hombres, una mujer– buscan una tumba. Hay panteones, largas filas de nichos y algunas lápidas. No tienen pistas, pero el sentido común les hace pensar que lo que buscan no es un panteón –demasiado fastuoso–, ni un nicho –demasiado popular–, sino una lápida. Pero, aunque el cementerio es pequeño, la lápida no aparece. La mujer hace una búsqueda rápida en Google, encuentra un nombre asociado a una imagen y les dice a los hombres:

–La lápida es esta. Hay que buscar esto.

Recorren los pasillos que ya recorrieron, infructuosamente. De pronto, uno de ellos se detiene.

–Acá está. Es esta.

Lo dice parcamente, como si reprimiera el entusiasmo, como si temiera equivocarse o acertar. La lápida es grande, de granito oscuro. Al pie hay flores de plástico que parecen nuevas. En una placa de bronce se lee: «Robert Ruark. Escritor. Nació en Carolina del Norte el 29 de diciembre de 1915. Falleció en Londres el 1 de julio de 1965. Gran amigo de España. EPD». Allí yacen los restos del hombre que, se supone, hizo que el fantasma que la mujer busca llegara a este pueblo.

Es solo una manera de comenzar una historia. Durante algunos días parecerá adecuada.

Todas las historias tienen un comienzo. Por ejemplo, este: «El pueblo de Holcomb está en las elevadas llanuras trigueras del oeste de Kansas, una zona solitaria que otros habitantes de Kansas llaman "allá"».

La pertinencia de aquel comienzo se desvanece con el paso de los días: el hombre que está enterrado en el cementerio de Palamós no fue quien hizo que el fantasma que la mujer busca llegara a este pueblo. O, mejor: buena parte de lo que se ha escrito acerca de eso –y de tantas otras cosas– no es más que una repetición de versiones cuyo dudoso y resbaladizo origen es, precisamente, dudoso, resbaladizo.

¿Qué siento cuando la veo por primera vez el miércoles 12 de abril de 2023? Es una casona de dos pisos bastante sencilla que no impone su belleza, un animal manso y blanco alzándose entre el cielo y el mar. ¿Qué siento cuando la veo, cuando el auto que conduce Juan Pablo Martín Ruiu y en el que él y Nicolás Gaviria fueron a buscarme al aeropuerto de Barcelona, al que llegué desde Buenos Aires, atraviesa el portón verde sobre el cual unas letras artificiosas dicen SANIÀ, bajo, me salta encima la perra Pluma, un braco de ocho meses, y me saludan Ari, una de las tres cocineras de la casa –los otros no están, pero son Mike, británico, delgadísimo, con una mirada de ironía muda que funciona como opinión sobre la raza humana, e Inma, una española que también se ocupa de cocinar en un convento de monjas–, y Marisa, una argentina encargada de la limpieza y el orden, joven, rubia, con ojos claros que parecen siempre a punto de desarmarse en lágrimas? No me deja transida la majestuosidad de la cala de cristal, de las rocas cayendo a pico, de los árboles aferrados como garras al tórax de una montaña, sino la evidencia de que, si bien cuando el hombre que ahora es un fantasma estuvo aquí todo era distinto –la casa era distinta, el bosque era distinto–, estoy viendo lo que él vio: ese paisaje de belleza dramática que será todos los días igual y todos los días tan distinto.

La casa fue construida por Nicolás Woevodsky, un ruso descendiente del zar Nicolás casado en segundas nupcias con la inglesa Dorothy Webster. Woevodsky llegó a la Costa Brava a fines de los años veinte del siglo pasado, compró diecisiete hectáreas costeras (que debió conseguir por muy poco dinero, puesto que estos terrenos repletos de pinos y rocas, incultivables, eran menos valiosos que los del interior, más fértil) y construyó varias residencias como el castillo de Cap Roig; la vivienda monumental de la actriz británica Madeleine Carroll –protagonista de *Los 39 escalones*, de Hitchcock– cerca de aquí, en Sant Antoni de Calonge; y esta casa sobre la cala Sanià para un lord inglés, que pasó a manos de Luis de Urquijo, marqués de Amurrio, y luego a la familia española Ferrer-Salat, dueña de la farmacéutica Ferrer. Desde 2023 su propietario actual, Sergi Ferrer-Salat, la transformó en una residencia literaria, un sitio al que muchos –de a tres o cuatro por vez– vienen a hacer lo que hizo aquí un escritor norteamericano a lo largo de varios meses del año 1962: encerrarse y escribir.

Me asignan un cuarto en el primer piso. El techo tiene cabreadas y vigas de madera. Una de las ventanas da a la montaña, la otra al mar. Un balcón corrido se tiende sobre la terraza de prolijidad ascética: canteros, árboles, macetas con malvones y cactus. Todo está pintado de blanco, incluso las puertas de los armarios. Hay banquetas con asientos de paja, almohadones, mantas de lana, un estilo rústico sin ostentaciones. Junto al cuarto está el estudio: un escritorio, una cama pequeña, estantes aún vacíos. Lo primero que hago es salir al balcón. El horizonte parece un tajo, una orden: «Es hasta aquí». Abajo, en la cala, veo piedras sumergidas en el murmullo onírico del agua. No se escucha otro sonido que el de las olas y los alaridos desgarradores de las gaviotas. Todo es salvaje y limpio, duro, casi sin domar. Me asignaron este cuarto porque, aunque es incomprobable, se supone que es el que ocupó el escritor norteamericano cuando estuvo aquí. Me atropella un pensamiento: «Este es un sitio para desaparecer completamente».

Desde la primavera y hasta después del verano de 1962, el escritor norteamericano Truman Capote permaneció en esta casa escribiendo el último tercio de *A sangre fría*, el libro que definió como una «novela de no ficción», un género del que se adjudicó el invento. Su estadía en la Costa Brava excedió con mucho su paso por Sanià. Comenzó el 26 de abril de 1960 cuando llegó en auto, desde Francia, al hotel Trias, de Palamós, la pequeña ciudad a diez minutos de aquí, con dos perros, una gata, su pareja, el escritor Jack Dunphy –un hombre serio y callado, en las antípodas del aleteo jacarandoso de Capote–, cuatro mil folios con notas, documentos y transcripciones de una investigación que había comenzado en Kansas a fines del año 1959, y el objetivo de transformarla en un libro que esperaba terminar rápido. No había por qué pensar que no iba a ser así: solo necesitaba que dos personas fueran ejecutadas en Estados Unidos y todo parecía indicar que eso iba a suceder muy pronto.

Desde que empecé a pensar en este texto –y a evaluar los obstáculos que encontraría para su ejecución: casi todas las personas que conocieron a Capote están muertas, las que están vivas se relacionaban con él como satélites proveedores de servicios, pocas de esas personas hablaban inglés y él no hablaba español– tenía su título: *La dificultad del fantasma*. Porque venía a buscar un fantasma difícil, porque yo misma viajaba con un fantasma –reverberaciones de una revolución privada que parecía haberme dado alcance–, y porque estaba repleta del vacío espectral que me había dejado –como me sucede siempre– un libro de no ficción que acababa de escribir.

El día en que llegué a Sanià bajé a la biblioteca a encontrarme con Nicolás Gaviria. Tiene treinta y un años, es colombiano, dirige la residencia, lee muchísimo, escucha canciones tristes, corre. Él no estaba, así que eché un vistazo. El espacio tiene un aire contemporáneo que contrasta con la antigüedad de la casa –techos abovedados, puertas que se aseguran con aparatosos cerrojos de hierro–, pero es una contemporaneidad prudente, sin la agresión de lo hiperdiseñado. Sobre el estante que recorre un hogar a leña –se usa poco porque los vientos febriles de la zona empujan el humo hacia adentro– vi un libro. Era delgado, blanco excepto por las letras negras del título. Me acerqué y leí: *Libro de fantasmas*, *Llibre de fantasmes*, *Book of Ghosts*. «Esto se va a poner interesante», me dije. Lo abrí. Contenía dibujos aterradores.

El mar Mediterráneo cubre como un velo transparente la cala sobre la que se construyó la casa. Durante casi seis semanas ese paisaje se deslizará, como una contaminación, en lo que piense, en lo que sienta, en lo que escriba. Sin embargo, Capote se mantuvo inmune. Nada de este esplendor sobrenatural se refleja en su obra, ni en las cartas que escribió desde aquí, ni en las entrevistas en las que le preguntaron por el proceso de escritura del libro que lo hizo ascender al olimpo y, después, lo arrastró al infierno.

Pero antes, esto.

La madre: Lillie Mae Fulk, casada a los dieciséis años con Arch Persons. Queda embarazada. Intenta abortar. No puede. Su hijo, Truman Streckfus Persons, nace en Nueva Orleans el 30 de septiembre de 1924. Lillie Mae es bella, joven, quiere divertirse, viajar. Para poder hacerlo, deja al hijo pequeño encerrado en los cuartos de los hoteles en los que se queda. Da instrucciones precisas: aunque el chico chille, el personal no debe abrir la puerta. El chico chilla. El personal obedece. Lillie Mae se separa pronto de Arch Persons.

El niño: Lillie Mae lo lleva a vivir con unas tías a Monroeville, un pueblo ínfimo de Alabama. El niño es violentamente rubio, afeminado. Se hace amigo de una vecina llamada Harper Lee a quien le dicen Nell. La madre del niño se marcha a Nueva York. Cada tanto aparece y promete llevarlo con ella. «Pero después de tres días ella se iba. Y yo me quedaba en el camino, mirándola irse en el Buick negro que se iba haciendo cada vez más y más pequeño. Imagina un perro, observando, esperando y deseando que se lo lleven. Esa es mi imagen entonces», dice el niño cuando ya es un hombre.

El padre: se esfuma, no está, no tiene importancia.

La madre y el niño: Lillie Mae se lleva finalmente al niño a Nueva York, donde se ha casado con un hombre de negocios exitoso de origen cubano, Joseph García Capote. Se cambia el nombre a Nina Capote. El niño adopta el apellido de su padrastro. En el otoño de 1936, con doce años, le escribe una carta a su padre biológico: «Como sabrás, mi apellido ya no es Persons sino Capote, y me gustaría que en el futuro te dirigieras a mí como Truman Capote, ya que todo el mundo me llama así».

A grandes rasgos: sin antecedentes familiares de vocación artística, empieza a escribir. Describe un paisaje, una habitación, lo que ve por la ventana. Corrige, se entrena en la técnica de manera autodidacta. «Cuando tenía dieciséis años ya era un escritor con verdadera competencia. Técnicamente escribía tan bien como ahora. Entendía todo el mecanismo», le dijo a Lawrence Grobel a comienzos de los años ochenta en un testimonio recogido en *Conversaciones íntimas con Truman Capote* (1986). Consigue ingresar como cadete en la revista *New Yorker*. Muestra allí los cuentos que escribe pero no despiertan interés. Los publica en *Madeimoselle, Harper's Bazaar* y *The Atlantic Monthly*, donde su relato «Shut a Final Door» gana el Premio O'Henry. El trabajo en el *New Yorker* dura un par de años. Un episodio confuso durante una lectura del poeta Robert Frost (Capote estaba allí como «representante» de la revista, tuvo un calambre, se agachó para calmarlo, Frost creyó que se había quedado dormido y, ofuscado, suspendió la lectura) hace que a) lo echen, o b) renuncie. Las versiones son, como tantas otras, contradictorias y narradas por él mismo. Vive con su madre, que consume cantidades brutales de alcohol y pastillas. Intenta terminar una novela en medio de una vida doméstica infernal. Lo invitan a la residencia literaria de Yadoo, a cuarenta minutos de Nueva York. Allí conoce a Newton Arvin, uno de los críticos literarios más importantes de Estados Unidos. Se enamoran. En 1948, a los veintitrés años, publica su primera novela: *Otras voces, otros ámbitos*. El éxito es fulminante. Lo llaman genio. La foto que se reproduce en la contratapa –lánguido y decadente– genera la misma cantidad de tinta que los comentarios sobre el libro: demasiado lascivo, dicen; demasiado perverso. Publica *El arpa de hierba* en 1951, *Se oyen las musas* en 1956, *Desayuno en Tiffany's* en 1958. En 1954, entre una cosa y otra, su madre se suicida. Él, para entonces, ya es la versión años cincuenta de lo que hoy sería un *influencer*: va a las fiestas más exclusivas de la ciudad, se vincula con mujeres hermosas y millonarias –sus «cisnes»–, como Babe Paley, la esposa de William Paley, presidente de la CBS; Slim Keith, esposa primero de Howard Hawks y luego de Leland Hayward, un poderoso productor teatral; Gloria Guinness, esposa del magnate Loel Guinness; Lee Radziwill, hermana de Jackie Kennedy; Marella Agnelli, noble italiana casada con el heredero del imperio Fiat, Gianni Agnelli. Tiene la voz estremecedora de un muñeco articulado, una manera graciosa de pronunciar las eses, una risa grave que no se condice con esa voz. Dice de sí mismo: «Tengo el tamaño de una escopeta y soy igual de ruidoso». Es bajo, muy rubio, delgado, pérfido, inteligente, egocéntrico, escritor convencido de ser el mejor entre los suyos, alguien que ha logrado en relativamente poco tiempo hacerse un nombre y abrir las puertas del cielo.

Entonces llega el día en que abre el *New York Times*. Es 16 de noviembre de 1959 y lee algo que ha sucedido en Holcomb, Kansas: «Un rico agricultor, su esposa y dos hijos fueron encontrados hoy en su casa muertos a tiros. Les dispararon a quemarropa después de haberlos atado y amordazado». Habla de inmediato con William Shawn, su editor en el *New Yorker* –donde publica desde hace años en un fulgurante arco vengativo: de chico de los mandados a escritor estrella–, y le dice que quiere ir a Holcomb para escribir un artículo sobre el impacto del crimen en los habitantes de ese pueblo. Shawn acepta.

Hay otra versión –siempre hay otra versión– que dice que Shawn es quien le propone dos historias para que elija una: contar la vida cotidiana de una mujer de la limpieza en Nueva York, o ir a Kansas a narrar los efectos del asesinato en la localidad. En esta última versión, Capote consulta con su amiga Slim Keith, que le dice: «Haz lo más fácil, ve a Kansas». Y va.

En ambas versiones tiene treinta y cinco años y empieza a construir su féretro. Primoroso. Tallado a mano.

Durante los primeros días voy a llamarla «Sanià». Luego, «la casa». Después, simplemente, «casa»: «Volvamos a casa», «Esta mañana salí de casa muy temprano».

Todos los días despierto a las cinco o cinco y media, cuando falta un rato para el amanecer. A esa hora todo permanece sedado, como si un abatimiento blando hubiera descendido sobre la tierra durante la noche. Para dar vida a la muerte, Capote vino a este lugar, a esta confabulación entre los sueños y el paraíso.

Richard Eugene «Dick» Hickock y Perry Edward Smith llegaron el 14 de noviembre de 1959 a la residencia de los Clutter, en Holcomb, después de recorrer más de quinientos kilómetros desde Olathe. Un compañero de prisión de Dick, Floyd Wells –es el único nombre falso del libro; Capote lo cambió porque Wells fue quien delató a los asesinos a cambio de una recompensa y podía sufrir represalias en la cárcel–, le había pasado un dato que resultó falso: que los Clutter guardaban diez mil dólares en una caja fuerte. Dick y Perry entraron a la casa, amordazaron a la familia –la madre, Bonnie, y la hija, Nancy, cada una en su cuarto; el padre, Herbert, y el hijo, Kenyon, en el sótano–, pero no encontraron dinero. Se habían impuesto no dejar testigos. Mataron primero a Herbert: le cortaron el cuello y le dispararon en la cabeza. Luego a Kenyon: le dispararon en la cara. Luego a Bonnie: le dispararon en la sien. Finalmente a Nancy: le dispararon en la nuca. Se llevaron binoculares, una radio y cuarenta dólares en efectivo. Viajaron a México. Regresaron a Estados Unidos, donde dejaron un largo rastro de cheques falsos. El compañero de prisión de Dick ató cabos y lo delató a la policía, que comenzó a seguir la pista.

Capote, mientras tanto, estaba en Garden City, una ciudad cercana a Holcomb en la que se llevaba a cabo la investigación. Los vecinos del pueblo y Al Dewey, el detective a cargo del caso, se negaban a hablar con ese pájaro de ciudad vestido de manera extravagante (sombrero, bufandas y abrigos largos). Lo acompañaba su amiga Harper Lee que había terminado una novela, *Matar a un ruiseñor* –ganaría el Pulitzer al año siguiente–, una mujer discreta con quien los habitantes de Garden City accedían a conversar con más facilidad.

Hasta ese momento, la historia era la que Capote había ido a contar: el impacto de un crimen inexplicable en un pueblo de personas que ya no podían dormir tranquilas y sospechaban de todo y de todos. Entonces Dick y Perry fueron detenidos en Las Vegas. Él los vio llegar a Garden City, bajar esposados de un auto, adentrarse en el sitio en el que esperarían detenidos a que se llevara a cabo el juicio.

No siempre sucede, pero hay instantes en los que las historias empiezan a transformarse en otra cosa, en los que un periodista debe deponer las ideas que tenía acerca de aquello que iba a contar, admitir que ha perdido el control y cambiar de rumbo. Ese instante llegó para Capote cuando vio a los dos hombres esposados descender del auto de la policía. La historia dejó de ser la historia de Holcomb y empezó a ser la de los asesinos. Ese viraje lo cambió todo. En el libro y en su vida.

Cuando llego a un sitio desconocido me lleva tiempo encontrar un circuito adecuado para correr, una ruta que me permita abstraerme del mundo y pensar. Los terrenos muy exigentes me distraen –el esfuerzo físico es demasiado–, y los anodinos no me estimulan. Pero aquí lo encuentro rápido, al segundo día y siguiendo los consejos de Nicolás Gaviria. Salgo de la casa hacia la izquierda, corro hasta llegar a una pradera de trigo refrescada por manchones de amapolas, bordeo los álamos y, después de cruzar un tramo de pavimento, sigo por la Ruta del Tren Petit, un largo sendero de tierra.

Un día, al regresar, me encuentro con Pol Guasch, uno de los escritores residentes que, en breve, dejará la casa. Me señala el antebrazo y pregunta: «¿Qué te pasó?». Miro: sangre fresca. Antes de salir a correr,

Pluma me mordisqueó, pero no sentí que me lastimara. Me lavo, me desinfecto, subo al cuarto y anoto lo que rumié mientras corría: «Pensar la obra de Capote sin *A sangre fría*. ¿Habrían bastado *Desayuno en Tiffany's*, *Música para camaleones*, relatos como «Miriam», «Niños en su cumpleaños» o la *nouvelle Ataúdes tallados a mano* para ubicarlo en el proscenio de los mejores, de los que duran y siguen a través de los años, de las décadas?». Al pie de esa anotación hay una referencia al brazo lastimado. Dice: «Esto empieza con sangre». Pero con el paso del tiempo la cicatriz se transforma en una línea rosada, después blanca y, a pesar del presagio retorcido, en los días que siguen solo encuentro calma.

Capote logró hablar primero con Dick –que recordaba con precisión detalles como los anuncios que había en la carretera, los nombres de los moteles en los que habían estado–, y luego con el reticente Perry (un hombre con las piernas maltrechas como consecuencia de un accidente de moto, cuya madre alcohólica había muerto ahogada en vómito, dos de cuyos hermanos se habían suicidado). Se ganó la simpatía de Al Dewey y de toda su familia. Entrevistó a vecinos y amigos de los Clutter, a sus empleados, a las personas que encontraron los cadáveres, al novio de Nancy, a su mejor amiga. Recorrió el trayecto que hicieron Dick y Perry desde Olathe, la ciudad de la que habían salido, hasta llegar a Holcomb, visitó los sitios en los que compraron sogas para maniatar, cinta adhesiva para amordazar a las víctimas. Fue un sabueso sin que nadie le hubiera enseñado cómo serlo. Regresó a Nueva York cuando terminó el juicio en el que los dos hombres fueron condenados a la pena capital, que en Kansas, por entonces, era la horca.

El 21 de enero de 1960 le escribió a su amigo, el fotógrafo Cecil Beaton: «Queridísimo Cecil: volví ayer, tras casi dos meses en Kansas: una experiencia extraordinaria, en muchos aspectos lo más interesante que me ha pasado en la vida. Tranquilo, te lo dejaré leer, puede que se convierta en un librito». Un día después, el 22 de enero, les escribió a Alvin y a Marie Dewey: «Queridos [...] He charlado largo y tendido con la gente del *New Yorker* y Random House. Hoy mismo he firmado contrato para el libro. Todo el mundo está muy entusiasmado con el proyecto».

Se dice que Capote manipuló a Dick, y sobre todo a Perry, para ganarse su confianza y obtener información contando, por ejemplo, su propia historia trágica (la madre suicida, la infancia en un pueblo anodino, los sucesivos abandonos). La higiene de una entrevista periodística es discutible. No puede aplicarse una fórmula untada en el preservativo de palabras como «ética». En cualquier vínculo subyace un grado de manipulación. El más común en una entrevista es el que se desprende de aplicar el principio «Te cuento un poco de mí para que me cuentes todo de vos». Como no grababa sus conversaciones –decía ser capaz de reproducir con fidelidad el noventa y cuatro por ciento de las charlas–, no hay forma de saber hasta dónde llevó esa manipulación, salvo a través de testimonios de quienes fueron entrevistados por él que, a su vez, habrán construido sus versiones según Capote los haya dejado bien o mal parados en la historia. Pero la manipulación estaba en todo: a Beaton le hablaba sin certeza de la posibilidad de «un librito»; un día después escribía a los Dewey para anunciar que ya había firmado contrato por «el libro» acerca del cual había conversado «largo y tendido» con sus editores. Más adelante, esa manipulación tomaría sesgos graves.

«Nunca puede estar uno lo bastante solo cuando escribe, por eso nunca puede uno rodearse de bastante silencio, la noche resulta poco nocturna, incluso», escribió Kafka en una carta de 1913. «Con frecuencia he pensado que la mejor forma de vida para mí consistiría en encerrarme en lo más hondo de una vasta cueva con una lámpara y todo lo necesario para escribir. Me traerían la comida y me la dejarían siempre lejos de donde yo estuviera instalado, detrás de la puerta más exterior de la cueva. Ir a buscarla a través de todas las bóvedas sería mi único paseo. Acto seguido regresaría a mi mesa, comería lenta y concienzudamente, y enseguida me pondría de nuevo a escribir. ¡Lo que sería capaz de escribir entonces! ¡De qué profundidades lo sacaría! ¡Sin esfuerzo! Pues la concentración extrema no sabe lo que es el esfuerzo.» En otra carta decía: «Para escribir necesito apartarme, no "como un ermitaño", eso no sería suficiente, sino como un muerto. En este sentido escribir es un sueño profundo, es decir, muerte, y de igual modo que a un muerto no se le saca ni se le puede sacar de su tumba, tampoco a mí de mi escritorio durante la noche».

Hay quienes escriben en bares, en aviones, en los ratos libres que quedan entre la hora de retirar a los niños del colegio y preparar la cena. Para mí la soledad es una condición y un método. Incluso la presencia muda de alguien empeñado en no molestar me molesta y me impide escribir. Una de las escenas más aterradoras de *Un hombre enamorado*, el segundo volumen de la saga *Mi lucha*, del noruego Karl Ove Knausgård, es aquella en la que intenta avanzar en la escritura al tiempo que se ha enamorado de Linda, que se convertirá en su mujer. Recién llegado desde Londres, él le avisa que no podrán verse la noche siguiente porque necesita trabajar hasta tarde.

«Sobre las nueve de la noche me envió un SMS, yo le contesté, ella me envió otro, estaba con Cora en un bar cercano tomando una cerveza, escribí que se lo pasara bien y que la amaba, intercambiamos otro par de mensajes, luego no llegaron más y pensé que se había ido a su casa. Pero no fue así, sobre las doce llamó a mi puerta.

»–¿Qué haces aquí? Ya te dije que tenía que trabajar.

»–Sí, pero tus mensajes eran tan cálidos y cariñosos... Pensé que querías que viniera.

»–Tengo que trabajar –dije–. En serio.

»–Ya lo sé –dijo. Ya se había quitado la chaqueta y los zapatos–. Pero puedo dormir aquí mientras tú trabajas, ¿no?

»–Sabes que no puedo. No puedo escribir ni siquiera con un gato en la habitación.

»–No has probado nunca conmigo. ¡A lo mejor soy una buena influencia!

»Aunque estaba cabreado, no podía decir que no. No tenía derecho, porque eso equivaldría a decir que ese miserable manuscrito en el que estaba trabajando era más importante que ella. En ese momento sí que lo era, pero no se lo podía decir.»

El manuscrito siempre es *más importante que ella*. El único momento en que resulta menos importante es cuando está terminado. Pero entonces, después de un breve período de alivio, sobreviene el vacío y uno se lanza detrás de la próxima presa que, durante un tiempo, se tornará otra vez *más importante que ella*. Es la historia de un martirio atravesada por una cantidad más o menos relevante de pequeñas resurrecciones. O la historia de una sucesión de abandonos atravesada por una cantidad más o menos relevante de reencuentros.

Capote dejó Estados Unidos huyendo de las fiestas de Manhattan para imponerse una vida conventual de soledad y encierro y, así, escribir la que vislumbraba que sería su obra maestra.

El 17 de abril de 1960 les escribió a los Dewey desde el transatlántico *Flandes*, rumbo a Europa: «Querida familia. Finalmente logré subir a bordo (con 25 maletas, 2 perros, 1 gata y mi querido amigo Jack Dunphy) y aquí nos tenéis, en mitad del Atlántico [...] El próximo jueves, día 22, llegamos a Le Havre [...] Después bajaremos hasta España, lo que nos llevará unos tres días. Os apunto la dirección de nuevo, solo para asegurarme de que la tengáis bien: "a/c J. Y. Millar, calle Catifa, Palamós (Gerona), Costa Brava, España" [...] Estas son solo unas líneas garabateadas deprisa; cuando estemos en ruta os enviaré postales, y os escribiré como Dios manda cuando lleguemos a Palamós».

El bosque es un sitio atormentado con caminos que se internan en el verdor opaco de encinas, pinos y mimosas. De las encinas se sacaba el corcho. Las cicatrices de la época de la extracción perviven en los árboles. Hay campos de colza, trigales, casas de diseño contemporáneo sobre la costa, masías centenarias en el interior. El paisaje que encontró Capote era distinto. Lo imagino llegando hasta aquí por el sendero de tierra, atravesando el bosque cerrado, encontrando la casa austera, la bestia del mar, las rocas como animales jurásicos y ni un alma, nada que entibiara el dramatismo de todo esto. La desgracia de la naturaleza, su pasmosa indiferencia, su hermosura extenuante.

El paisaje funciona como distracción pero, aunque siento el impulso de salir, gana la voluntad del encierro. En *Atrapa el pez dorado*, el cineasta norteamericano David Lynch, que también pinta, habla de lo que hay que hacer antes de pintar un cuadro: preparar los materiales, fabricar un bastidor. Para todo eso hace falta tiempo, dice Lynch, disponibilidad, ausencia de interrupciones: «Si sabes que dentro de media hora tendrás que estar en alguna otra parte, no hay manera de conseguirlo. Por tanto, la vida artística significa libertad de tener tiempo para que pasen las cosas buenas».

Cuando escribo me aparto del mundo para hundirme en un tiempo sin tiempo en el que nada sucede salvo lo que sucede dentro de mí. Me encierro para invocar y desvanecerme en un ritmo blanco e ilimitado. Quince días antes de venir a Sanià terminé un libro cuyo reporteo comencé en mayo de 2021. Para escribirlo, permanecí encerrada en mi estudio, con breves salidas para correr y hacer las compras, desde noviembre de 2022 hasta marzo de 2023. Las jornadas comenzaban a las cinco o seis de la mañana y terminaban a las ocho o nueve de la noche. No hubo encuentros con amigos, cenas fuera de casa, cumpleaños, viajes. Mientras, trabajé en paralelo un puñado de textos cortos, la disección forense de algo sobrevenido. Los escribía en la mañana, antes de salir a correr, y los repasaba en la noche, antes de acostarme. Asustaba un poco esa exploración sensata de algo insensato, esa escritura secreta que intentaba tocar lo inalcanzable. Escribiéndolos convoqué sobre mí cosas desmesuradas. Para hacerlo solo necesité el coraje del que no teme perder ni hacerse daño. Capote, en cambio, necesitó dos ahorcados. Hay una diferencia.

¿Hay una diferencia?

En *El centro cede*, el documental sobre la periodista norteamericana Joan Didion que dirigió su sobrino Griffin Dunne, aparece este diálogo: «¿Cómo te sentiste cuando viste a una niña de cinco años drogada con ácido?», pregunta Dunne. «No te voy a mentir, era oro puro. Cuando trabajas en un artículo, das tu vida por algo así», responde Didion. La escena está en *Arrastrarse hacia Belén*, una crónica que Didion escribió en 1967:

«Cuando por fin encuentro a Otto me dice:

»–Tengo algo en mi casa que te va a dejar flipada.

»Y cuando llegamos allí veo en el suelo de la sala de estar a una niña, vestida con un abrigo corto y leyendo un tebeo. No para de relamerse con gesto concentrado y lo único raro que le veo es que lleva pintalabios blanco.

»–Tiene cinco años –dice Otto–, y va de ácido».

En una entrevista con el *Paris Review*, William Faulkner dijo:

«–Un artista es una criatura impulsada por demonios. No sabe por qué ellos lo escogen y generalmente está demasiado ocupado para preguntárselo. Es completamente amoral en el sentido de que será capaz de robar, tomar prestado, mendigar o despojar a cualquiera y a todo el mundo con tal de realizar la obra.

»–¿Quiere usted decir que el artista debe ser completamente despiadado?

»–El artista es responsable solo ante su obra. Será completamente despiadado si es un buen artista.

Tiene un sueño, y ese sueño lo angustia tanto que debe librarse de él. Hasta entonces no tiene paz. Lo echa todo por la borda: el honor, el orgullo, la decencia, la seguridad, la felicidad, todo, con tal de escribir el libro. Si un artista tiene que robarle a su madre, no vacilará en hacerlo.

»–Entonces la falta de seguridad, de felicidad, honor, ¿sería un factor importante en la capacidad creadora del artista?

»–No. Esas cosas solo son importantes para su paz y su contento, y el arte no tiene nada que ver con la paz y el contento».

Capote ya estaba en Europa cuando la ejecución de Dick y Perry empezó a postergarse debido a las apelaciones sucesivas que ambos presentaron. Así, el plan original –regresar pronto a Estados Unidos– empezó a tomar la forma de un exilio autoimpuesto que duró tres años. Se alojó durante los veranos en un hotel y en tres casas de la Costa Brava, y durante los inviernos en un chalet que compró en Verbier, Suiza (a Jack le gustaba esquiar), con la determinación de no volver a su país hasta no terminar el libro. Para eso necesitaba que los mataran a los dos.

Lo pienso y lo pienso y debo decirlo: el asesinato de Herbert Clutter, su esposa Bonnie y sus hijos Kenyon, de quince años, y Nancy, de dieciséis, a manos de Richard «Dick» Hickock y Perry Smith no me parece, como se repite, «uno de los crímenes más espeluznantes en la historia de Estados Unidos». Si se sigue aceptando esa clasificación no es por el crimen en sí, macabro pero no más atroz que, por ejemplo, el de agosto de 1969, cuando el clan Manson masacró a siete personas en Beverly Hills, entre ellas a Sharon Tate, mujer del cineasta Roman Polanski, embarazada de ocho meses, sin mencionar los homicidios descomunales de asesinos en serie como el Zodíaco o Ted Bundy.

Cuando se conoció la matanza de los Clutter, decenas de periodistas viajaron a Holcomb y redactaron noticias que se replicaron en todos los diarios de Estados Unidos. Pero solo Capote se quedó e hizo lo que hizo.

Una formulación más precisa sería que el de los Clutter es «uno de los crímenes más espeluznantes en la historia de Estados Unidos» porque lo escribió él. Sin Capote, el de los Clutter hubiera sido un crimen más. Olvidable y, posiblemente, olvidado.

A sangre fría se divide en cuatro secciones: «Los últimos que los vieron vivos», «Personas desconocidas», «Respuesta» y «El rincón». Aunque el asesinato de los Clutter está presente desde el comienzo, Capote evita dar detalles de la matanza hasta no dar cuenta de la vida miserable de Perry Smith, de la vida marginal de Richard Hickock, de modo que cuando la masacre acontece, bien avanzado el relato, se despliega sobre el telón de fondo de esas dos existencias arruinadas. «Los últimos que los vieron vivos» es posiblemente la parte más eficaz y revulsiva, con un largo *travelling* en el que los asesinos compran con tranquilidad aquí la soga, aquí la cinta para amordazar, mientras los seres que no saben que van a morir realizan acciones triviales. «Hoy, en el último día de su vida, la señora Clutter guardó en el armario la bata de cretona que llevaba puesta»; «medias, mocasines negros y un vestido de terciopelo rojo, el más bonito que tenía, confeccionado por ella misma, vestido que habría de servirle de mortaja», escribe, refiriéndose a Nancy. Capote encastra las escenas de manera imperturbable y hace que el fragor de la inminencia gravite en cada página, escanciando dosis de esa fuerza oscura que se aproxima mientras todos siguen con su rutina apacible, ignorando el Armagedón que se abatirá sobre ellos.

Pero la arteria mayúscula por la que circula su maestría es el hecho de que el libro está escrito en tercera persona por un narrador que cambia de puntos de vista con destreza sin decir yo vi, yo estuve, yo hablé. El escritor mexicano Juan Villoro llama «periodismo selfie» a una manera de ejercer el oficio en la cual los periodistas se muestran más interesados por dejar registro de los obstáculos que debieron superar para contar la historia que por contar la historia en sí. Capote hubiera tenido mucho que decir al respecto: la manera astuta en que logró que Perry Smith entrara en confianza y su ambigua relación con él; la forma ingeniosa en que dio con un viajante de comercio a quien Dick y Perry estuvieron a punto de matar; sus propias sensaciones como habitante de una de las ciudades más vibrantes del mundo viviendo durante meses en un hotel de pueblo; la seducción de Al Dewey y su familia; la catástrofe psíquica que significó la espera de la ejecución y, finalmente, la ejecución de la que fue testigo. Pero no lo hizo. Renunció a eso desde el principio y fue una decisión sensacional. Quizás su última decisión sensacional.

Garbino, mistral, poniente, gregal, siroco, bora, meltemi, tramontana: Nicolás Gaviria me envía el listado de los vientos que soplan aquí. Ari e Inma hablan de los desastres que producen en el ánimo de las personas: deprimen, enervan, marean, desconciertan. Un día salgo a correr y, mientras bordeo el campo de trigo, empieza a soplar la tramontana. El trigo se mece primero pacíficamente, después como si fuera la representación de la locura, olas vegetales de un furor desquiciado. Recuerdo otros vientos, otras naturalezas salvajes, y viene, de la nada, la frase que me dijo Elvio Gandolfo en un bar de Buenos Aires. La frase que hizo que escribiera un libro llamado *Los suicidas del fin del mundo*.

Todo se enlaza. Estamos anudados a cosas sin control.

Finalizaba el año 2001 y yo trabajaba en la revista dominical del diario *La Nación*, en Buenos Aires. Una tarde llegó un correo electrónico de Poder Ciudadano, una ONG. Era una gacetilla de prensa y decía que se trasladarían a un pueblo llamado Las Heras, en la provincia patagónica de Santa Cruz, para capacitar a docentes y alumnos en un programa de resolución de conflictos sin violencia. Se mencionaba que en ese sitio los índices de desempleo, alcoholismo, embarazo adolescente y violencia intrafamiliar eran altísimos y que entre 1997 y el último día de 1999 se habían suicidado veintidós personas muy jóvenes y conocidas en el pueblo. Busqué un mapa de Santa Cruz en la web. Vi la meseta central yerma, vacía. En esa inmensa nada, a mitad de camino entre la costa y la cordillera de los Andes, con inviernos de quince grados bajo cero y vientos de cien kilómetros en primavera y verano, estaba Las Heras. Encontré pocos datos: su industria principal era el petróleo; la población aumentaba o disminuía dependiendo de la prosperidad de esa industria; el desempleo, producto de la privatización de la petrolera estatal YPF en los años noventa, rozaba el veinticuatro por ciento. Esa misma tarde fui a un locutorio público. Por entonces casi nadie tenía móvil y los locutorios públicos eran lo más parecido a tenerlo: sitios con varias cabinas para hablar por teléfono, provistos de guías telefónicas de todas las provincias. Busqué la de Santa Cruz, busqué Las Heras: apenas cinco páginas. La fotocopié, subí al pequeño departamento en el que vivía y empecé a llamar por orden alfabético. Marqué el primer número. Atendió un hombre. Le dije que era periodista, que vivía en Buenos Aires, que me había enterado del programa de la ONG. Y me dijo: «Mi hermana fue la primera que se mató». Se había disparado en la cabeza con una escopeta que usaban para cazar. Le dije que quería ir a Las Heras, le pregunté si estaría dispuesto a hablar conmigo, si creía posible presentarme a otros familiares. A todo dijo que sí: en el pueblo nadie mencionaba los suicidios (se habían sucedido casi mes a mes desde 1997 y hasta el 31 de diciembre de 1999, un año y medio antes de nuestra conversación), no sabía cuántos eran pero habían sido muchos, estaba preocupado porque creía que podía volver a suceder. Al terminar la llamada supe –con esa especie de peso en el pecho que paradójicamente me hace sentir muy liviana– que tenía una historia. Hice mi primer viaje en marzo de 2002. Llegué a Comodoro Rivadavia en avión, muy temprano, y fui hasta la estación de buses. Tomé el primero a Las Heras. En el bus había una luz anaranjada, poca gente, hacía frío. Por el camino vi todo lo que me habían dicho que vería: vendaval atroz, paisaje monótono, decenas de pozos de petróleo. Cuando llegué al pueblo y bajé del autobús, el viento me arrojó al suelo. A la tarde me encontré con el hermano de la chica muerta e hice mi primera entrevista. Siguieron otros viajes. En cada uno, mi lista de entrevistados se ampliaba. Los suicidas habían sido doce, no veintidós. La lista oficial de esos muertos no existía y pude reconstruirla por las notas que había tomado el dueño de la funeraria, que los había enterrado a todos. Mucho tiempo después, cuando terminé con la investigación, fui a tomar un café con el escritor argentino Elvio Gandolfo. Le conté lo que había estado haciendo. Le hablé de las decenas de prostíbulos que había en Las Heras, del profesor de inglés gay que iba al colegio con los ojos pintados y criaba a decenas de perros, del peluquero que vivía allí como si fuera Miami, de la discoteca donde habían quitado las puertas de los baños para evitar que las mujeres fueran violadas, del trabajo brutal en los campos de petróleo, de los suicidas, de la naturaleza hostil que rodeaba todo eso: el viento que impedía salir a la calle, la estepa inmensa, la monotonía inmisericorde del paisaje. Me preguntó: «¿Qué vas a hacer con eso?». Le contesté: «Un artículo». Nunca había pensado en escribir un libro. Y me dijo: «Con mucho menos que eso, Truman Capote escribió *A sangre fría*». Lo que sucedió después nació de un acto de soberbia: pensé que Elvio Gandolfo tenía razón. En el verano de 2005 pedí mis vacaciones en la revista y escribí a lo largo de un mes, desde las siete de la mañana hasta las diez de la noche, de lunes a lunes. Solo me detenía a las dos de la tarde, cuando el calor era abrasador –no tenía aire acondicionado–, y me arrojaba en cruz sobre la cama, las piernas colgando hacia afuera para no quedarme dormida. Apartada del mundo, esperaba que apareciera la voz que me permitiera caer de pie al otro lado del espejo. Ahora, años después, corriendo contra la tramontana, pienso que, en el fondo, escribir se trata de desaparecer completamente para aparecer completamente en otra parte.

Entre los años treinta y sesenta, la Costa Brava era un sitio por el que desfilaban millonarios, intelectuales, artistas plásticos, directores de cine, actrices.

Picasso, Dalí, Ava Gardner, Elizabeth Taylor, Peter Sellers, David Niven, Frank Sinatra, Orson Welles, Claudia Cardinale, Ernest Hemingway, John Wayne, Marlene Dietrich, Luchino Visconti, Coco Chanel. La actriz Madeleine Carroll se instaló en 1936 junto a su marido, Lord Astley, en una casona señorial cerca de Sant Antoni de Calonge. Era amiga del escritor norteamericano Robert Ruark, un hombre afecto a los safaris a quien le iba muy bien con los libros que escribía sobre África y que pasó por la Costa Brava antes de llegar a su destino final, Italia, donde planeaba vivir. Después de ver el mar, y de una tarea de convencimiento que hizo su amiga Madeleine, decidió quedarse. Se instaló en una zona de playa de Sant Antoni de Calonge llamada Es Monestrí. Consiguió un secretario, Alan Ritchie, que se mudó a una casa contigua.

En un artículo de 2009, publicado por la *Revista de Verano* de *El País*, puede leerse que Capote «Llegó la primavera de 1960 [...] Buscaba un lugar tranquilo donde escribir la que iba a ser su obra maestra, *A sangre fría* [...] y el escritor y periodista estadounidense Robert Ruark le recomendó la Costa Brava, donde él se había instalado». En 2014, *Vanity Fair* de España publicó: «El pueblo que conoció Capote hace más de medio siglo se lo recomendó un buen amigo, el columnista del *Washington Post* Robert Ruark, que sabía de los problemas de concentración del autor en Nueva York, pues las continuas fiestas, reuniones sociales y todo tipo de eventos a los que acudía encantado le desviaban de su trabajo y más aún cuando se enfrentaba a la que fue la novela más ambiciosa de su carrera». El dato se repite en varios artículos: Ruark aparece, una y otra vez, como el amigo de Capote que lo animó a llegar a Palamós. No parece probable que haya sido así.

Yo aún estaba en Buenos Aires cuando Nicolás Gaviria, que en Palamós hacía averiguaciones, me envió este mensaje: «He ido a hablar con las reposteras de Collboni, la supuesta pastelería que visitaba Capote, según los guías turísticos. Sin embargo, una de las dueñas del negocio me ha dicho que es mentira: Capote iba a otra pastelería que ya no existe. Se llamaba Samsó. El repostero está muerto, pero todavía queda su hija, Conxita [...] Llamé a su puerta varias veces, pero nadie respondió. Justo enfrente de este sitio hay una vieja charcutería, tiene más de cien años. El señor, de unos ochenta años, dice haber visto a Capote, así como yo podría decir que he visto delfines en el horizonte». Me reí, pero supe que iba a ser difícil. Del fantasma que vine a buscar casi no quedan rastros. Y muchos de los que quedan han sido inventados.

Un mesero coloca en el centro de una mesa del restaurante del hotel Trias una fuente con gambas palamosinas, crustáceo de gran fama. Es jueves, dos de la tarde. El hotel está frente a la bahía de Palamós, pero los vidrios oscuros no permiten ver cómo el cielo se cubre de nubes, cómo llueve despacio, cómo se embravece el mar. En torno a la mesa están Josep Colomer, su mujer, Ana María Kammüller, y Ana, una de las hijas de ambos. Los Colomer eran los propietarios del hotel cuando Capote llegó aquí, en los años sesenta –aún lo son, pero lo concesionaron a un grupo–, y por el trato que les dispensan los meseros y la administradora, esa atención repleta de detalles –traer las gambas sin que nadie las pida, recordar de qué gusto es el helado que Josep Colomer toma de postre–, se nota que son personas de peso. El Trias estaba en otro sitio hasta que fue bombardeado en 1936, durante la guerra, y la madre de Josep, que lo regenteaba, consiguió reconstruirlo aquí. Ahora es un edificio de varios pisos, fachada blanca, balcones, y sigue siendo el mejor hotel de Palamós.

–Bueno –dice Josep Colomer.

Tiene noventa y tres años y coloca sobre la mesa una libreta que saca del interior de su chaqueta.

–Estuvo tomando notas para no olvidarse de nada –dice Ana, su hija.

Pero la conversación no empieza por Capote sino por la forma en que Ana María Kammüller, una alemana que ahora tiene noventa años, llegó hasta aquí.

–Yo venía con mi hermano, que había tenido un accidente con una bicicleta y le habían indicado baños de mar para recuperarse –dice Ana María, que vivía en un pueblo de la Selva Negra junto a sus hermanos y su madre, una mujer que respondía con un ambiguo «Dios te guarde» ante el saludo «Heil Hitler».

–Eso era muy peligroso –dice Ana, la hija de los Colomer–. Toda la familia quedó determinada por la guerra. Un hermano de ella, que era músico, murió porque quiso ir al frente. Dijo: «Voy con mis compañeros», aunque no estaba de acuerdo con lo que estaba sucediendo. El mayor sobrevivió y pudo irse a Suiza. Y ella era muy buena en matemáticas, pero no pudo estudiar.

Josep se prendó de esa alemana que a menudo se hospedaba en el hotel, pero durante un tiempo creyó que el hombre que iba con ella era su marido. Ya tenía su propia historia trágica como para buscar más complicaciones: su padre, veterinario, había sufrido una infección en el brazo al extraer un ternero del útero de una vaca y, como consecuencia de eso, había muerto; poco después, a sus siete u ocho años, cayeron las bombas que destruyeron el hotel.

–Pero un día supe que no era su marido, sino su hermano. Cuando vi que era soltera, me lancé.

En 1956, a los veinticinco, Ana María se mudó a Palamós. Se casaron. Tuvieron hijos. Hicieron crecer el hotel.

–Bueno, vamos a hablar de Robert Ruark y Truman Capote –dice Josep, dando por terminado el palabrerío sobre la familia–. La única duda que tengo es por qué vino Capote a Palamós. Si fue Madeleine Carroll la que le indicó que era un sitio tranquilo, o si fue Robert Ruark, que ya tenía casa en Sant Antoni de Calonge.

Cierta vez, Ruark le dijo a Capote: «Truman, hoy he escrito cinco mil palabras. Me juego lo que quieras a que te has pasado todo el rato sentado en tu escritorio y solo has escrito una». Capote le respondió con un despreciativo: «Sí, Robert, pero era la palabra correcta». El 28 de abril de 1962, Capote le escribió desde Córcega, poco antes de regresar a la Costa Brava, a Bennett Cerf, su editor de Random House: «De momento, estoy enfrascado a fondo en una parte (muy apasionante) de *A sangre fría*. Además, está la dificultad de instalarme en este horrible Palamós, apestado por Ruark. Puaj».

¿Su amigo Robert Ruark?

Esto es verdad: Capote, Dunphy, los dos perros y la gata llegaron el 26 de abril de 1960 al hotel Trias después de atravesar Francia en auto. Aunque todos los artículos de prensa repiten que llegó con veinticinco maletas –él mismo les había mencionado a los Dewey, por carta, esa cantidad de equipaje–, en ningún auto cabe semejante carga. O eran menos maletas, o eran veinticinco pero llegaron después. Josep Colomer, que los recibió, no recuerda cuántas eran, solo dice que llegaron «con muchísimo equipaje». Hay algo patético en mi intento de chequear información irrelevante pero a) la información irrelevante es la única que hay; b) el intento de chequearla y no lograrlo empieza a dejar en evidencia que las cosas que se cuentan sobre Capote en su paso por la Costa Brava están basadas en una materia que tiene tanta solidez como un carámbano de hielo expuesto al sol del Caribe.

Lo hospedaron en una habitación con vista al mar. Colomer cree que era la número 30. La novela *L'home dels pijames de seda* (2009) del escritor y periodista catalán Màrius Carol reconstruye, mezclando realidad y ficción (por eso es una novela), la estadía de Capote y narra el momento en que llega al hotel: «El hotelero le asigna la suite 704, que tenía una terraza sobre la bahía que invitaba a quedarse ahí para siempre». Carol ubica la habitación 704 en el séptimo piso, pero Colomer no había asignado los números tal como se asignan ahora, cuando el primer número del cuarto indica el piso en el que está ubicado. Sin embargo, todos los artículos que hablan de la estadía de Capote en el hotel Trias mencionan que se quedó en la suite 704 «del séptimo piso». Cuando yo pase una noche aquí, en pocos días más, pediré alojarme en el mismo cuarto en que se alojó Capote y me asignarán el 213, piso dos.

Hay ficción y hay repetición y hay gente que ha muerto sin que nadie le preguntara nada y hay unos pocos contando una y otra vez las mismas cosas como si fueran revelaciones cuando, en realidad, son cosas que ya les han contado a todos. La intención es amable: quieren, con toda el alma, aportar algún dato y, así como las novias deben llevar algo azul, algo prestado, etcétera, ofrecen algo excéntrico, algo inventado, algo más o menos verosímil. Son ecos de un tiempo fósil sin autopsia posible.

El archivo histórico de Palamós guarda imágenes y documentos que dan cuenta de cómo era, en este lugar, la vida cotidiana durante los años sesenta. En algunos de los videos, disponibles en su página web, se ven la playa repleta de barcas pequeñas, mujeres en bañador peinadas con mucho espray, damas con soutiens en punta, zapatos de tacón discreto, bolsitos que cuelgan de los antebrazos, niños vestidos con prolijidad antigua. Parece un lugar inocente y sin sofisticación donde acontece una felicidad al margen (en el margen no había poca cosa: la dictadura de Franco). En los documentos archivados puede leerse que el domingo 23 de octubre de 1960 una multitud de fieles se reunió en la plaza para recibir las nuevas campanas de la iglesia, consagradas por el obispo. En julio de ese año el Ayuntamiento, en colaboración con la Acción Católica de Santa María del Mar y la Junta Local de Turismo, organizó un Concurso de Alfombras con el fin de contribuir «al mayor esplendor de la procesión del Corpus Christi». En abril de 1961 actuó, en el bar-pista Savoy, «Eduardo Castelló y su conjunto». Para la inauguración de «tan espléndido local», consignaba la revista *Proa*, «se presentaron dos conjuntos barceloneses, el Red Davis y el Dúo Globetrotters. Jamás en esta población habían desfilado tantas orquestas como en lo que va del año [...] desde ahora Bar Savoy será punto de reunión de veladas óptimas para el baile [...] Cuenta así mismo con un pequeño escenario para orquesta o conjunto, estando la pista cubierta de parquet y con iluminación interior».

Para alguien como Capote, el equivalente a todo lo que estaba ahí afuera –las campanas de la iglesia, los concursos de alfombras, los salones de baile con orquesta– había quedado atrás, en Monroeville: la diversión tediosa de un pueblo chico. En las calles de Palamós solo había reflejos de un pasado ingrato. Así que se mantuvo adentro.

Un día vamos con Juan Pablo hasta la casona de Madeleine Carroll. Yo lo llamo Pablo. Nicolás lo llama Pablito. Algunos lo llaman Juan Pablo. Es argentino, de la provincia de Tucumán. Se marchó primero a Miami, luego a Nueva Orleans. Las circunstancias lo trajeron a Sanià, donde trabaja como casero desde 2009. Habituado a estar solo, cuando no poda las plantas, ni limpia la piscina, ni hace trámites o compras en Palamós, permanece en una vivienda que está en la entrada de la casa, junto a la que llaman «la casa de las visitas» en la que se hospedan Nicolás y Ari. Siempre usa gafas de sol y mezcla su acento profundamente argentino con palabras de jerga española: «joder», «petado», «chaval».

La residencia de Madeleine Carroll se alza sobre una loma. El portón que lleva hasta allí está abierto. Nada impide entrar salvo el cartel que advierte PROPIEDAD PRIVADA. Le digo a Pablo que me espere en el auto y entro. Recorro un sendero que asciende hacia la mansión de dos pisos con torreones y galería cubierta. Está cerrada, pero hay rastros de vida: una huerta fresca, un tractor pequeño, una manguera, sillas oreándose al sol. Llamo. Nadie aparece. Tampoco sé qué esperaba encontrar: ¿el espíritu de Madeleine Carroll dispuesto a responder la pregunta: «¿Sabe por qué Capote llegó aquí?».

Capote y Dunphy pasaron pocos días en el hotel Trias y se mudaron a una vivienda alquilada al diplomático estadounidense J. Y. Millar, sobre la playa de La Catifa (que hoy no es playa, sino una acumulación de piedras). Aún confiaba en que la ejecución se realizaría ese año. Siempre somos incautos cuando escribimos sobre el volcán impredecible de los hechos.

Hace años conté una historia a la que me entregué con tanto ímpetu que me dejó ciega. Fue mi pequeño «momento *A sangre fría*», un período que comenzó en 2011. Había decidido escribir acerca de un festival de malambo, un baile folklórico argentino que consiste en un zapateo taquicárdico y difícil. El festival es desconocido, pero, paradójicamente, el más prestigioso en su rubro. Se realiza desde 1966 en un pueblo del interior de la Argentina llamado Laborde. Funciona como una especie de grial para un círculo áulico de gente que no busca la fama, sino la gloria eterna. Por un pacto tácito, los ganadores –que reciben el título de Campeones– no pueden volver a presentarse en otra competencia de malambo –si perdieran, le quitarían prestigio al festival–, de modo que su coronación es, también, su fin: el baile que los consagra es el último de sus vidas. La mayoría de los participantes son hijos de familias humildes y se entrenan a lo largo del año haciendo grandes sacrificios económicos. El premio no consiste en dinero, sino en un trofeo elaborado por un artesano local. El reinado no se acaba nunca: los campeones de Laborde lo son para toda la vida y caminan por ese pueblo como gladiadores. Llegué allí en enero de 2011 para asistir al festival. Entrevisté a mucha gente, hablé con familiares, con campeones de años anteriores, vi decenas de malambos. Estaba cansada de tanto zapateo cuando una noche apareció, sobre el escenario, un participante de la provincia de La Pampa llamado Rodolfo González Alcántara. Era feroz, elegante, una bestia. En los cuatro minutos que duró su malambo todo cambió: ya no quise contar la historia del festival, sino la de ese hombre que ni siquiera era un favorito y que había ejecutado un baile cuya calidad yo, que no era experta, no tenía manera de juzgar más que por el impacto que me había producido. Lo busqué en bambalinas, se lo propuse, dijo que sí. Ese año no salió campeón, sino subcampeón, que es quien más chances tiene de ganar el título al año siguiente. Se marchó satisfecho y dispuesto a intentarlo otra vez. Empezamos a encontrarnos en su casa y en el instituto donde daba clases. Asistí a sus entrenamientos, hablé con su mujer, sus padres, sus amigos. Recién a fines de 2011, cuando me preparaba para viajar con él al festival en enero de 2012, me pregunté: «¿Y si no gana?». Seguramente volvería a intentarlo al año siguiente y, si no ganaba, al siguiente, y así. Solo entonces me di cuenta de que había avanzado ciega como un tigre en celo: lo que parecía la historia épica de un hombre común podía terminar en un fracaso. Había apostado todo a las patas de un solo caballo. No tenía plan B. Me imaginé a Rodolfo peregrinando a Laborde y yo detrás de él, enero tras enero, hastiados el uno del otro, el libro jamás escrito muriendo antes de nacer. Sentí que podía pasarme, con un tema que no tenía ninguna truculencia, lo que a Capote le había pasado con *A sangre fría*: esperar agónicamente que la realidad se comportara como yo quería. No pensaba en el bien de Rodolfo: yo solo necesitaba un ganador. Capote necesitaba dos ahorcados. Mi historia tuvo un final feliz. A su modo, la de Capote también.

Un día de lluvia y viento caminamos con Nicolás Gaviria hasta la playa de La Catifa buscando la primera de las casas en las que se quedó Capote. Estamos seguros de poder encontrarla: debería haber una placa que la señale. Pero no la hay. Nicolás revisa su teléfono, chequea direcciones. Yo, más analógica, entro a un bar, saludo a los hombres que están en la barra, pregunto. El más voluminoso dice: «¿La casa de Capote? Es esa», señalando una hilera de edificios feos. Pregunto: «¿Cuál?». El hombre se levanta de su taburete, cruza la calle sin que le importen el viento ni la lluvia, y señala: «Esa». No es una casa, sino un edificio de cinco pisos, fachada de color naranja desvaído, postigos de metal pintados de verde, piedra imitación laja enmarcando los balcones que tienen esa fragilidad estúpida de algunas obras nuevas.

–Era un caserón –dice–, con un jardín y un árbol delante.

La casa no tenía árbol ni jardín ni era un caserón. Era pequeña –un cuarto, sala, cocina, baño– y había una terraza. Fue demolida en 2005. La ausencia de la placa me lleva a hacer más averiguaciones chapuceras que empiezan a darme un poco de risa.

El 28 de julio de 2020, el *Diari de Girona* publicó esta noticia: «Truman Capote se queda sin placa en Palamós. A finales de junio, la placa desapareció. Todo apunta a que alguien la ha robado, pero se desconocen el autor y los motivos. Según explican en el Ayuntamiento de Palamós, es la primera vez que pasa y ya están trabajando para colocar otra». Han pasado tres años y la placa sigue ausente. Una funcionaria me dice que «seguramente la retiraron los del Archivo Municipal para restaurarla». En el pueblo algunos aseguran que fue robada, otros que la vieron hace poco. Le escribo a Alícia Genís Miquel, que trabaja en el Archivo Municipal: «Hola, Alícia, la placa que estaba cerca de la casa de Capote en La Catifa ya no está. Leí en un diario local que la habían robado en junio de 2020, pero luego otra persona me dijo que seguramente la habían quitado ustedes para repararla. ¿Es así?». Responde: «Apreciada Lelila Guerreiro [*sic*], efectivamente, la placa interpretativa histórica sobre Truman Capote que había en La Catifa, en el 2020 desapareció y a finales del mismo año fue repuesta. Este mes de marzo la hemos quitado para reparar el subsuelo. Tenemos previsión de colocarla antes de verano. Igualmente te adjuntamos un pdf de la placa». Y me lo adjunta.

El 28 de abril de 1960, desde esa casa que ya no existe, Capote escribió una carta a los Dewey: «Lástima que la comida española no sea muy buena, a no ser que te guste cocinarlo todo en aceite de oliva. A mí no. Sin embargo, la casa tiene su encanto. Está en un pueblo de pescadores, justo al lado de la playa. El agua es tan azul y cristalina como el ojo de una sirena. Me levanto muy temprano, porque los pescadores salen al mar a las cinco de la mañana, y arman un jaleo tal que ni Rip Van Winkle podría seguir durmiendo», decía, en alusión al personaje de un cuento de Washington Irving, un hombre que despierta después de haber dormido por dos décadas. «Pero me va bien para trabajar, *n'est-ce pas?*», terminaba.

En la placa –que no está– había una foto de Capote y una cita depurada, sin alusiones a la comida española ni al aceite de oliva: «Esto es un pueblo de pescadores, el agua es tan clara y azul como el ojo de una sirena. Me levanto temprano porque los pescadores salen a las cinco de la mañana y hacen tanto ruido que ni Rip Van Winkle podría dormir. Todo esto me va perfecto para trabajar». También podía leerse este texto: «Truman Capote, considerado discípulo de Edgar Allan Poe, escribe parte de la novela *A sangre fría* (1966) en Palamós. Con ella inicia la novela de no ficción y el nuevo periodismo americano. En tres ocasiones Capote hizo estancia en Palamós entre 1960 y 1962, en total unos dieciocho meses. Llega en abril de 1960 y se instala en la casa ubicada justo en este punto de La Catifa. Entre otros, también se alojó en el hotel Trias y en una magnífica casa cerca de cala Sanià. La frase que mejor lo describe es de su libro *Música para camaleones* (1980): "Soy alcohólico. Soy drogadicto. Soy homosexual. Soy un genio"».

Lo de haber sido un discípulo de Poe es discutible, pero esto es seguro: Capote abominaba del Nuevo Periodismo, el género bautizado así por Tom Wolfe en los años sesenta para designar aquellas narraciones que utilizaban técnicas formales de la ficción para contar historias reales. Cuando en enero de 1966, el mes en que se publicó *A sangre fría*, el periodista y escritor George Plimpton le preguntó qué opinaba de ese género, Capote respondió: «Si te refieres a James Breslin y Tom Wolfe, y esa gente, no tienen nada que ver con el periodismo creativo –en el sentido en que yo utilizo el término– porque ninguno de ellos, ni ninguno de esa escuela de reporteros, tiene el equipo técnico de ficción adecuado. Es inútil que un escritor cuyo talento es esencialmente periodístico intente el reportaje creativo, porque sencillamente no funcionará». La frase «Soy alcohólico. Soy drogadicto. Soy homosexual. Soy un genio» proviene de un autorreportaje titulado *Vueltas noc-*

turnas que incluyó en su libro *Música para camaleones*. Fue escrita con sorna –algo que él mismo dijo–
y está lejos de describir lo que era. Otras, como esta
de *Los perros ladran*, circa 1973, se acercan más:
«Siempre he pensado que soy un vagabundo en este
planeta, un turista en el Sáhara, que se acerca en la
oscuridad a tiendas y fogatas del desierto alrededor
de las cuales acechan peligrosos nativos atentos a
los ladridos de sus perros. Me parece que he pasado
mucho tiempo domesticando o eludiendo a nativos
y perros, y el contenido de este libro casi lo prueba.
Como reza el proverbio árabe, los perros ladran, pero
la caravana sigue».

–Tengo una anécdota muy bonita, que ahora le
explicará ella, sobre Truman Capote –dice Josep Colomer en el restaurante del hotel Trias, como un
vendedor que saca esta corbata tan linda que tengo
para ofrecerle.

Ana María Kammüller cuenta, con los ojos chis-
peantes de quien sabe que ha llegado su momento,
algo que ha repetido en todas las entrevistas que
concedió:

–Un día se abre la puerta del hotel, yo estaba en
la recepción. Era Capote con un canastito de mimbre en la mano. Lo levanta y me dice: «Have you
seen my little basket?». Venía de comprarlo en el
mercado y quería compartir la alegría.

Levanta la mano y con el pulgar y el índice hace
el gesto de sostener algo que se balancea.

–En algunas cosas era muy infantil –dice Colomer–, y en otras era un hombre que sabía, tan solo viendo a las personas, cómo pensaban. Tenía un don especial.

–¿Usted cómo se daba cuenta de eso?

–Me di cuenta de que tenía una personalidad tremenda. Lejos de ser de esta manera un poco especial, tenía un don natural que parecía que podía analizar a la gente.

Es una observación interesante –un rasgo de personalidad– pero, aunque pregunto y pregunto, no hay manera de que Colomer dé un ejemplo concreto. Se muestra mucho más entusiasmado al contar que él recibía la correspondencia de Capote y se la llevaba a la casa, que le sugería dónde comprar alcohol, que le conseguía personal de servicio.

–¿Por qué le pedía a usted que hiciera esos trámites?

–Porque nos conocía, todo lo que hacíamos era muy correcto, nos tenía confianza y nos tenía como la mano derecha.

–¿De qué hablaban?

–Pues de todo. De cómo estaba el país, España. Se interesaba por todo. Todo lo absorbía.

–¿Alguna vez mencionó lo que estaba escribiendo?

–No. Bueno, nos regaló un libro que había escrito anteriormente, *Desayuno en Tiffany's*, uno a mí y otro al veterinario de Palamós. Dedicados.

La dedicatoria no es demasiado entusiasta. Dice, en inglés: «A mis amigos, el señor y la señora Colomer, con gratitud».

En Estados Unidos, Dick y Perry apelaban una y otra vez, pedían la anulación del juicio, la fecha de la ejecución se postergaba. En 1961, su segundo verano en Europa, Capote alquiló la casa de Alan Ritchie, el secretario de Robert Ruark, en Es Monestrí. Vamos hasta allí con Pablo y Nicolás, que musicaliza el viaje con temas de The National. La urbanización consiste en edificios iguales, burdos y bastante nuevos, pero cerca de la playa hay casas de los años cincuenta y sesenta, blancas, con amplios jardines. Tenemos referencias vagas, alguna foto, pero nada se parece a lo que buscamos: la casa de Ruark, la casa de Ritchie. Al otro lado de una ría hay un chiringuito. Nos acercamos a preguntar. Un italiano, que parece el encargado, dice que Capote se quedó en el hotel Trias, que no cree que haya pasado por acá. Recomienda ir a una galería de arte que llevan la gente del pueblo y el Ayuntamiento, donde seguramente podrían decirnos algo. Entonces Pablo anuncia que acaba de hablar con una amiga que le dijo que la casa de Ruark es, casi seguro, esa.

–¿Cuál?

–Esa.

Señala una casona de piedra sobre un promontorio, rodeada por un muro. No se asemeja en nada a las fotos que he visto, pero trepo unas piedras, saco fotos. Después damos vueltas por los alrededores. En un patio trasero hay una mujer muy mayor. Las personas viejas me dan esperanza: pudieron haberlo conocido, guardar memoria. Saludo, la mujer se acerca y, con gran seguridad, indica cuál es la casa de Ruark.

–Después del puente, a la izquierda. La primera es la del secretario de Ruark y la segunda, la de él.

Vamos. Hay dos casas grandes, una junto a la otra. Toco timbre pero no sale nadie. Me siento un poco exultante. ¡La encontramos, la encontramos! Pero no.

Es como si el paisaje se hubiera apropiado de mi cabeza. Soy demasiado libre, estoy demasiado lejos. Casi no hablo. Me gusta encontrar, cerca de mediodía, a Inma, Mike o Ari preparando el almuerzo, aunque yo no almuerce. Cuando entre las tres y las cinco la cocina queda solitaria, bajo para contemplar ese vacío fresco que me recuerda la quietud que reinaba las tardes de verano en la casa donde me crié: mi padre dormía la siesta, mi madre lavaba la ropa, yo leía comiendo uvas o higos. Al anochecer, Nicolás me envía un mensaje escueto: «Querida: te espero con un vinito en la terraza». Entonces, bajo a conversar con él. Todos los días, cuando corro, se despiertan mis fantasías de no volver a Buenos Aires, de vivir sin nada de lo que quedó allá. Me siento a salvo. Habitada por el peligro pero a salvo de mí.

A toda hora recorro la casa intentando que algo me hable, preguntándome qué pensaba Capote, qué sentía, dónde preparaba los martinis que, aquí, empezó a beber en cantidad.

Gerald Clarke es el autor de *Truman Capote: la biografía*. Publicado en 1988, se lo considera el más minucioso de los libros sobre su vida. Allí, Clarke da cuenta de los tres años que Capote pasó en la Costa Brava en apenas un par de páginas. «Él y Jack zarparon rumbo a Europa, donde se proponía permanecer hasta terminar su libro, para lo que calculaba un año. Tras desembarcar en Le Havre a finales de abril fueron en coche hasta España y alquilaron una casa en el pueblo pesquero de Palamós, en la Costa Brava [...] Sentado allí en su casa, junto a los acantilados, contemplando las suaves aguas del Mediterráneo, comprendió también, quizás por vez primera, la verdadera dimensión de lo que intentaba realizar [...] Pese a todo, se lanzó a ello sin perder tiempo. En junio voló a Londres, donde habló con un psiquiatra que le ayudó a desentrañar la psicología de los dos asesinos. Pero no se entretuvo y regresó casi de inmediato a Palamós para escribir. En octubre tenía casi una cuarta parte. "Está por ver si vale la pena hacerlo", le comentó preocupado a Mary Louise Aswell. "Creo que estará 'bien', pero tendría que ser más que eso para justificar todo lo que he estado viviendo" [...] Por supuesto, allí en el litoral mediterráneo, también se divertían un poco, y en junio Truman y Jack cambiaron de casa trasladándose a una más grande frente a la playa y atendida por una cocinera, dos criadas y un jardinero [...] De vez en cuando un yate anclado en el puerto y algunos de sus refinados amigos, como

Noël Coward y Loel y Gloria Guinness, llegaban a presentarle sus respetos [...] Su tipo de vida apenas cambió en los dos años siguientes: la primavera y el verano en Palamós, y el otoño y el invierno en Verbier [...] Después de dos veranos en España, Truman y Jack pensaron en pasar el verano de 1962 en Córcega. Pero tardaron solo unas horas en advertir su error [...] se largaron de allí, de nuevo a Palamós a la mejor casa que habían tenido, con playa particular, un gran jardín y un chalet anexo, junto al mar. La hermana de Jackie Kennedy, Lee Radziwill, llegó a mediados de julio, y luego llegaron los Paley. Y cuando estos se marcharon llegó Gloria Vanderbilt.»

Eso es todo. Cuando Lawrence Grobel le preguntó a Capote: «¿De qué tiene miedo?», él respondió: «Pues no me gusta estar solo durante un período de tiempo demasiado largo. Como todos aquellos meses que pasé solo en Suiza en aquel lugar escondido trabajando en *A sangre fría*, y el de todos los meses y años que estuve yendo y viniendo de Kansas, viviendo solo en moteles desconocidos y todo eso. Lo encontraba aterrador». Ni una palabra sobre Palamós.

Xavier Febrés es un periodista catalán que conoce bien la historia de la zona. Le envío un correo electrónico y me responde enviándome links y documentos. Uno de sus mensajes es un resumen apretado y sarcástico –y un poco confuso en relación con las casas que ocupó– del paso de Capote por aquí: «Pasan los primeros días en hotel Trias y alquilan casa en céntrica playa de La Catifa al diplomático John Y. Millar (derribada en 2005), a continuación otro chalet vecino en la zona Condado Sant Jordi (Platja d'Aro) al empresario Alfredo Klaebisch hasta finales octubre. En invierno van a Verbier (Alpes suizos). Regresan a la casa Millar de Palamós de abril a setiembre de 1962, tras breve estancia en Córcega. Alquilan esta vez la casa de cala Sanià perteneciente a Luis Urquijo, marqués de Amurrio, más adelante adquirida por empresario Ferrer-Salat. En síntesis, hay consenso sobre el hecho de que al simpático y sociable Capote le importaba un comino Palamós o la Costa Brava, su interés se centraba en el carácter de lugar tranquilo para escribir».

Pol Guasch y Gabriel Ventura, los dos escritores que estaban en la casa cuando llegué, se marcharon, y llegaron, en su lugar, Sabina Urraca y Marcos Giralt Torrente, ambos españoles. Marcos se instala en el piso superior, donde hay un estudio enorme con una pantalla de televisión que ocupa media pared, y Sabina en el extremo opuesto de un pasillo que separa su zona de la mía. Un sábado estamos todos en la terraza. La noche baja como música transparente, el mar la recibe en calma. Marcos menciona una conversación que tuvieron durante el almuerzo acerca de un fantasma.

–¿Qué fantasma? –pregunto.

–Mejor que Sabina comience el relato –dice.

Y Sabina cuenta: estaba durmiendo cuando, a las cuatro y media de la mañana, «la hora en que se producen la mayor cantidad de suicidios», aclara, escuchó pasos subiendo la escalera y sintió un peso sobre su cama. Creyó que era Pluma, que la sigue a todas partes –va con ella a nadar, la acompaña en sus caminatas–, y pensó: «Qué lindo, vino Pluma». Pero, al girar la cabeza, descubrió que a los pies de la cama no había nadie. A la misma hora, en el piso de arriba, Marcos escuchó pasos en la escalera. Llegaron hasta la puerta de su cuarto y se desvanecieron. Sabina narra el asunto con una exaltación algo espantada y Marcos con una prescindencia adusta. Ninguno de los dos se ríe.

–Lo que pasa es que las chicas hicieron una «limpieza» en la casa de abajo, donde vivimos Ari y yo, y los fantasmas vinieron para acá –dice Nicolás, que parece tomarse el asunto más a la ligera.

Lo de la limpieza, dice, empezó así: en esta casa todo el mundo duerme mal; hace un par de semanas él pasó dos días en Barcelona, durmió bien y le puso un mensaje a Marisa contándole que había conciliado un sueño profundo. Marisa comprendió de inmediato los motivos del descanso descalabrado de Nicolás en Sanià e implementó la solución, que explicitó en un audio: «Bueno, ya hice la limpieza parcial de las habitaciones, la cocina y el comedor de la casita donde están vos y Ari. Les cuento que lo que pongo siempre es música tibetana o celta. Eso hace que la vibración del lugar sea diferente. Y apenas lo hice y pedí permiso para poder hacer la limpieza y que cualquier energía que estuviera ahí presente se libere, ¡se me erizó toda la piel! Me corrió un escalofrío por todo el cuerpo que me cagué en las patas. Pero estaba con Plumita y me dije: "Marisa, tenés que ser fuerte y terminarlo". Empecé a prender todas las luces porque estaba cagada, pero hice toda la limpieza. Salvia y lavanda. Van a ver unos potecitos de sal que están en cada esquina de la habitación. No los saquen, déjenlos por un tiempo. Tendríamos que seguir haciendo de a poquito limpiezas, limpiezas, limpiezas. Le pedí protección al arcángel Miguel para ustedes, para todos los de la finca, los animales y las plantas. Continúen también ustedes pidiéndolo. Siempre pídanle protección al arcángel Miguel. Lo que sí estaría bueno, si podés traer, Nico, es sahumerios o aceites esenciales para poder crear un ambiente más armónico, porque si no está todo como muy tétrico. Como que no tiene vida».

Miro a mi alrededor: flores, acantilados, el cielo apagándose como una espuma, el murmullo del mar. No veo nada tétrico, todo está cubierto por el espíritu de la amabilidad.

–Marisa limpió allá –dice Nicolás–, y se ve que los fantasmas vinieron a esta casa; además, aquí los sueños se conectan.

–Yo soñé que tú, Nico, me decías que tenía que poner pies enyesados en la novela que estoy escribiendo –dice Sabina–. Y hace todo el sentido.

Entonces Marcos comenta, con expresión preocupada:

–Oye, yo acabo de escribir sobre una pierna enyesada. Una historia de mi madre.

No termino de entender si es una conversación seria o no. Con mi natural tendencia a desestimar estas cosas, digo que hay que hacer un corredor humanitario para conducir al fantasma hasta mi habitación y grito:

–¡¡¡Truuumaaan!!!

Nadie se ríe.

A la mañana siguiente, en el desayuno, me encuentro con Sabina. Casi siempre coincidimos a esa hora ante la mesa cubierta de quesos, jamón, frutas, pan, tomates, aceite de oliva, embutidos, jugos, yogur. No hablamos, leemos, comemos poco. Es un sistema implementado de manera natural, como un matrimonio de años que se respeta y se aprecia.

–¿Cómo dormiste? –le pregunto.

–No dormí nada –dice con los ojos muy abiertos, hermosos, un poco alterada–. Pensé que podía sucederme lo mismo de la noche anterior y no quise dormir.

Poco después baja Marcos. Tiene el pelo revuelto, aspecto de haberlo pasado mal.

–No dormí casi nada, pero en un momento soñé que alguien se sentaba a los pies de la cama –dice con una taza en la mano, mientras camina hacia el dispenser de agua.

El día transcurre sin mayores emociones. Hacemos nuestras cosas, cenamos, volvemos a dormir. Por la mañana, encuentro a Marisa en la cocina, quemando lavanda en el horno. Le pregunto para qué es. Dice que es para hacer una «limpieza» en las habitaciones.

–Ari hizo una visualización de la casa y vio a un hombre de sombrero blanco.

El hombre de sombrero blanco es, evidentemente, Capote: la caricatura de Capote.

–Ahora, cuando vaya a las habitaciones, hago la limpieza.

Le pido que no «limpie» la mía: si hay un fantasma, necesito que se manifieste. Subo a mi estudio y, rato después, escucho que entra en la habitación de Sabina. Percibo olor a lavanda y, cuando se acerca a la mía, me aseguro de que no ejecute ningún movimiento centrifugador de fuerzas oscuras. Me siento idiota: ¿creo o no creo en esas cosas?, ¿cómo reaccionaría si algo apareciera? Cuando bajamos a cenar, veo cuatro potes con sal gruesa colocados sobre una bacha. Ari indica que son para Sabina y Marcos: deben ponerlos en los rincones de sus cuartos. No hay potes para mí, respetan mi arrojo o mi estupidez. Sabina dice que, desde ayer, dejó junto a su computadora una tarjeta con la siguiente inscripción: «Pichorrica: Leila's room is across the way. Thank you».

–¿Quién es Pichorrica?

–Truman –dice–. Es una jerga que usamos con amigas.

Al día siguiente, en la charla habitual de «control del estado del fantasma», Sabina anuncia que durmió perfectamente. Marcos no: se despertó a las tres, con ganas de orinar, y cuando se disponía a ir al baño, para lo cual es necesario salir del cuarto, «sintió» que al otro lado de la puerta una presencia se lo impedía. Le pregunto cómo puede definir esa presencia. Dice: «Algo turbio que me impedía salir de la habitación». Le pregunto qué hizo. «Aguanté.» Desde ese momento, empiezo a llamar al fantasma de Marcos «el fantasma prostático».

Me voy a dormir temprano y sueño con Maitena, la ilustradora argentina. Nos conocemos bastante, pero no nos escribimos más de dos veces al año. Es un sueño largo en el que ella maneja un jeep –Maitena no conduce– y me lleva a alquilar bicicletas. Cuando me despierto, voy a mi estudio, abro la computadora. El único correo nuevo es de Maitena: me invita a una muestra de sus dibujos que se hace en Buenos Aires. Esa noche, en la cena, les cuento a los demás el extraño fenómeno del sueño anticipatorio, pero nadie parece impresionado por ese «efecto» de la realidad.

De haber un fantasma, me digo, no puede ser el fantasma de Truman. Tienen que ser Perry y Dick. Necesitan venganza. Morder carne nueva. Llevan muchos años sin comer.

A comienzos de este siglo, la presencia de Capote en Palamós era un recuerdo sin importancia apenas azuzado por el estreno de la película *Capote*, de 2005, protagonizada por Philip Seymour Hoffman y dirigida por Bennett Miller. El film contiene una escena que transcurre en esta casa, aunque fue rodada en Grecia. En 2010 alguien descubrió que se cumplía medio siglo de su desembarco en este pueblo y el Ayuntamiento decidió rendirle homenaje organizando una ruta literaria: «El Palamós de Truman Capote».

La primera imagen del folleto que describe la ruta es desconcertante: un sifón en el que se lee: «Espumosos Bertrán, Marca Registrada, Palamós». El pico del sifón termina sobre el sombrero blanco y los anteojos que representan a un Truman sin rostro, evaporado. Bajo esa imagen hay una foto de Robert Ruark y este texto: «Para poder escribir *A sangre fría*, Truman Capote se va a exiliar en Europa. Buscaba espacios tranquilos, lejos de las fiestas de Manhattan, para concentrarse y seguir un horario de trabajo adecuado. Eligió Palamós gracias a la propaganda que le había hecho el reconocido novelista norteamericano Robert Ruark. Ruark vivía, desde 1953, en la playa de Es Monestrí. Desde allí escribía las columnas que se publicaban en doscientos diarios de los Estados Unidos y solía elogiar los encantos de la Costa Brava y la placidez de Palamós». Más adelante se reproduce la fachada del restaurante Los Caracoles, que cerró en 1966: «Durante dos décadas, desde 1947 hasta fines de 1966, Los Caracoles fue uno de los restaurantes más populares de Palamós. Capote desayunaba ahí a menudo. Se lo recuerda bebiendo jugo de naranja y vestido con bermudas, una camisa y gafas». En la siguiente página hay una foto de la casa de La Catifa y, como es de rigor, se cita la frase del agua clara, el ojo y la sirena, depurada de alusiones despectivas sobre el aceite español. Sigue una portada de la revista *Proa* de mayo de 1961, el único medio que dio aviso de que Capote estaba aquí: «Este famoso novelista norteamericano, actualmente el más popular de los Estados Unidos, también se ha enamorado de Palamós. El año pasado pasó unas semanas en una casa de La Catifa, al comenzar el verano [...] Al llegar el invierno, se volvió a Suiza, retornando a Palamós el mes pasado. Al no serle posible quedarse en esta misma casa, ha fijado su residencia cerca de la de su colega, Robert Ruark». Luego, una foto de la taberna María de Cadaqués –un local al que iban pescadores, pero donde «en ocasiones se sumaban algunos forasteros, como el mismo Capote»– y una referencia a la pastelería Samsó: «Su proveedor habitual de alcohol era Albert Samsó, propietario de la popular pastelería Samsó. En ese establecimiento encontraba ginger ale, aceitunas y ginebra». Bajo una imagen del frente de la librería Cervantes, se dice que ese establecimiento combinaba la venta de material de oficina y artículos de papelería con libros y prensa, y que en torno a las once de la mañana Capote pasaba por allí para comprar el *New York Times*. El folleto cierra con una toma de los Colomer en el hotel Trias, acompañada por un texto que dice que Truman y Jack Dunphy llegaron el 26 de abril de 1960 «con veinticinco maletas». Como cierre, se cita la anécdota de la pequeña canastita de mimbre que cuenta Ana María Kammüller.

Contacto a una persona que trabaja en la función pública para obtener datos acerca de la ruta: quién la diseñó, qué fuentes se consultaron. La persona se muestra amable pero reticente. Le pido hablar con los guías que conducen el recorrido, pero no termina de responder claramente hasta que dice que lo implementan solo en temporada alta y que contratan personal externo. Cuando después de unos días hablamos por teléfono, entiendo que la ruta no le gusta nada. Dice que «alguien» averiguó que en 2010 se cumplían cincuenta años de la estancia de Capote en Palamós y que «a nivel político» se pidió que se armara una ruta. El encargado de diseñarla fue Sebastià Roig, periodista y escritor catalán, «que nos podía ayudar en un tema que desconocíamos bastante. Si queríamos hacer una ruta literaria, nos teníamos que basar en un libro. Y Màrius Carol hizo su libro, *L'home dels pijames de seda*, a partir de la estancia de Truman en Palamós. De modo que Sebastià hizo la ruta a partir de ese libro y de algunas entrevistas».

El libro de Màrius Carol es, como quedó dicho, una novela. Un artefacto de ficción.

Una noche, durante la cena, hablamos de las fechas de nuestros cumpleaños. Marcos cumple el 9 de febrero, yo el 17 de febrero. Sabina dice:

–Estoy alucinando: nacieron el mismo día que mi padre y que mi madre.

Coinciden incluso los géneros: Marcos nació el 9, igual que su padre, y yo el 17, igual que su madre.

Estamos organizados en torno a constelaciones de hechos asombrosos. Mantengo la ilusión de que esa extrañeza deslice algún sortilegio benigno en mi búsqueda infructuosa. Por ahora, mientras más busco a Capote, más me pierdo a mí misma. Es lo de siempre: lograr el olvido de sí para encontrar algo del otro. Cada día que pasa dejo de existir un poco más.

Cuesta encontrar un momento para hablar con el periodista y escritor Màrius Carol, exdirector de *La Vanguardia*, actual columnista. Desaparece por largos períodos hasta que un día pide que lo llame a las cinco de la tarde, pero no deja un teléfono. Le escribo para pedirle uno y no responde. Le escribo para preguntarle si prefiere hacerlo por Zoom y no responde. A las cinco me siento en el estudio, atenta al correo electrónico. A las cinco y diez le mando una invitación al Zoom. A las cinco y media me voy a correr. A las siete aparece: está en su casa, me pasa un teléfono, me pide que lo llame. Lo llamo. Se disculpa: tuvo que atender un asunto en la radio que le tomó mucho tiempo. Habla de manera caudalosa sobre cuestiones varias hasta que logro preguntarle por qué decidió escribir una novela sobre la estadía de Capote.

–Su biógrafo, Clarke, le dedica unas pocas líneas a la estancia en la Costa Brava. Y la estancia fue importante, porque se tiró prácticamente tres años de su vida, 60, 61 y 62. Cada año estuvo seis meses. La primera cosa es saber por qué llegó acá. Él no conocía la Costa Brava. Mi tesis es que podría ser por el hecho de que aquí estuviera Robert Ruark. Esa es una tesis mía. Puede ser cierta o no.

–En todas partes se cita como cierta.

–Es la más verosímil después de haber hablado con algunas personas que se murieron en los últimos años.

–Sin embargo, en sus cartas Capote dice que Palamós está «apestado por Ruark»... –digo, pero no me escucha, o me escucha y prefiere no responder.

–Por aquellos días se estaba filmando la película *Desayuno en Tiffany's*. Me extrañó que un personaje conocido como Capote aquí pasara desapercibido. Hay una primera razón y es que en la España franquista los medios eran muy locales. Había poca conexión con lo que pasaba en el mundo. Pero la única referencia es la de una revista local, *Proa*, que son cuatro líneas. Capote no dejó huella. Cuando lees las cartas, ves que no hay un gran afecto por el lugar. Dice: «Yo no puedo escribir un libro bebiendo todo el día y yendo a todas las *soirées* de Manhattan». Y lo que hace es buscar un no lugar. Es un pueblo de pescadores, llegar es complicado, no hay un tren que te deje en la puerta. Y da, a partir de los datos que tiene de Ruark, con Palamós. Pero son tres años. Alguien que necesita tanto el elogio, el contacto con otros, y aquí no hizo un amigo, no hizo un conocido. Yo creo que le pareció que no era su mundo. A Colomer nunca lo volvió a contactar cuando se fue. Ya no lo necesitaba. Yo le pedí a Colomer que me mostrara el libro que le regaló, un ejemplar de *Desayuno en Tiffany's*, y la dedicatoria es muy protocolaria. No hay nada que te haga pensar: «Caray, está agradecido». Cuando tiene resuelto el tema, desaparece y se olvida. Su paso por la Costa Brava no le supuso nada. No le interesó. Un sitio donde has pasado quinientos días de tu vida, ostras, eso por algún sitio tiene que salir, y no salió por ningún lado. Cuando yo empecé a hacer el libro, ni siquiera había una placa en La Catifa. Conocí a la alcaldesa y le dije: «Lo primero que tenéis que hacer es apropiaros del nombre de Capote. En Francia, en el sitio donde un día hizo pipí un gran escritor, le hacen un museo, y aquí lo tenéis todo olvidado». Un día hicimos un acto, vino la alcaldesa, una banda, y pusieron una placa. Y a partir de mi libro, de las pistas que pude obtener, hicieron más o menos la ruta.

En el folleto de la ruta que describe el paso de Capote por Palamós puede leerse que la pastelería Collboni, ubicada en la calle Mayor, fue fundada en 1888 por el bisabuelo de los propietarios actuales: «Es uno de los establecimientos de la calle Mayor que se mantiene bastante idéntico a como lo conoció Truman Capote. Los brazos de gitano de nata son uno de los muchos productos que se realizan en esta pastelería». La novela de Carol incluye una escena donde Jack le monta a Truman una comida sorpresa: «Capote se emocionó porque Jack había ido a comprar una botella de *champagne* para celebrar su regreso y porque había encargado a la cocinera que hiciera una paella de marisco, además de comprar un brazo de gitano de nata en la confitería Collboni». Pero en realidad Capote, como también consigna ese folleto, iba a la pastelería Samsó.

–Capote no iba a la pastelería Collboni, sino a la Samsó, pero los guías se detienen también en la Collboni diciendo: «Aquí venía Capote», porque esa pastelería es la que sale en el libro.

–Yo lo que intenté es, sobre todo a través de Colomer..., bueno, él un poco inventaba, pero yo le decía:

«¿Dónde se podía vender ginebra para el martini en esa época?». Pues el único sitio era la calle Mayor, y allí estaba la Collboni. Hay cosas que dedujimos. Y Colomer le ponía su salsa. Las revistas citan como si fuera misa lo que digo en el libro, pero no deja de ser una novela. Luego es verdad que ellos, por su cuenta y riesgo, hacen esta ruta a partir de lo que digo. A mí no me avisaron nada. Me enteré una noche, cenando en un restaurante cerca de la casa donde estuvo Ruark. Allí me reconoció una chica: «Qué gusto conocerlo, yo hago la ruta en Palamós de la vida de Capote, he leído su libro».

–¿Y usted qué le dijo?

–Yo dije: «Ah, pues fantástico».

Una ruta pretendidamente real basada en una novela de ficción que cuenta parte de la vida de un escritor que se enorgullecía de haber inventado la novela de no ficción. Pues fantástico.

La persona de la función pública dice que «para mí la ruta no tiene mucho enganche porque en el fondo Truman vino a hacer lo que estás haciendo tú: encerrarse a trabajar. La relación con el territorio era mínima. Hizo una novela importantísima, pero la relación con el pueblo no era muy fluida. Los espacios que se visitan en la ruta ya no están. A la gente le dices: "Aquí había Correos, aquí había una bodega". Aquí había, aquí había. Y el interés es un poquito limitado. Yo creo que la ruta es correcta, pero tampoco tiene enganche turístico. No la vendo muy bien porque no me gusta mucho. El personaje real está bastante desconectado del municipio. No hay una carta que diga que nuestro pueblo es de este tipo, o comentarios de "no me gusta nada, me gusta mucho o me gusta poco". Si vino varias veces, tan mal no estaba, pero tampoco ha explicado mucho cómo era esta relación. Sabemos de él por la gente que hablaba con él, como Josep Colomer. Pero él no habla de nosotros. Nos hace falta Truman para contarnos cómo era todo esto para él. Entonces qué hacemos, qué contamos. Es difícil hacer una ruta con esto porque al final vender humo es difícil. Era un turista que hacía estancias largas y necesitaba sentarse a escribir. Pero el sitio no se ve reflejado ni en su obra ni en nada. Puedes hablar de pasajes de su novela, de por qué es innovadora, pero con el pueblo no tiene vínculo. Además, este es un pueblo muy turístico. Le dices a alguien: "Ese de ahí es un actor de cine". Y te dicen: "Ah, mira. Qué bien. Está más delgado, ¿no?". No hacen ni caso. "Hace cuarenta años llegó aquí un señor con dos perros, un señor muy importante en Nueva York." "Ah, pues muy bien." La gente no le da tanta importancia. Estamos acostumbrados».

Hay viento. Tramontana, dicen, pero siempre, cuando pregunto qué viento es, me responden: «Tramontana». No sé dónde están los otros vientos, si es que existen. Salgo a correr. El trigal se ha puesto más rubio y se mueve con violencia. Es algo delicado y turbio, como ver a Kate Moss meterse una raya de cocaína o lamer el cordón de la vereda. Hace un rato, cuando Inma me vio, me dijo: «¿Vas a salir a correr?». Le dije: «Sí, creo que hay menos viento que hace un rato». «Pues me gustaría decirte que sí y que va a ser un lujazo, pero...», me respondió con sorna y siguió pelando guisantes. Corro una hora y media contra el viento. Me siento eufórica, casi triunfal: nunca había corrido así salvo en los sueños, cuando corro y, en un momento, puedo volar. Capote vivió aquí convencido de que con su libro demostraría que era el mejor de todos. Quizás, parafraseando a Faulkner, no haya que ser mejor que todos sino mejor que uno mismo.

Pocos días después de haber llegado a la Costa Brava me registro en el hotel Trias. Es lunes. Pablo me deja en la puerta a las cuatro menos cuarto de la tarde. Cuando lo veo marcharse siento desconsuelo. Identifico de dónde proviene: me falta la respiración amplia que me procura la casa de Sanià. La ciudad, aunque pequeña, me parece una afrenta. La recepcionista me da la tarjeta que abre la puerta del cuarto 213, el mismo en el que, asegura, se quedó Capote. Subo al ascensor. Bajo en el segundo piso. Camino por un pasillo curvo. Las luces ambarinas le dan el aspecto de algo que está a punto de incendiarse o sumido en sueños de fiebre. Al final del corredor, a la derecha, está la puerta. Es blanca, con un número negro sobre el picaporte: 213. Siento un peso teatral, como si estuviera por entrar a un sarcófago. Apoyo la tarjeta, abro. Adentro todo está pintado de blanco y azul. Una estructura de madera como las que se colocan para sostener doseles –aunque no hay dosel– enmarca la cama. El piso es de madera, listones anchos color caramelo. Hay dos ventanas y una puerta que da al balcón. Separo las cortinas y la luz rompe el aire con un impulso cegador. Salgo: una mesa, dos sillas, un cenicero, la bahía. Recuerdo unas palabras de Ana, la hija de Colomer: «La habitación está cambiada, pero solo en lo que es la decoración. La disposición se mantuvo. Si la habitación fue esa, entonces verás lo que él vio». Lo que él vio: la playa, una lengua de tierra lejana ahora repleta de casas. Podría no ser la habitación correcta, podría no ser el sitio desde el que miró todo, pero se cuela, por los resquicios de la posibilidad, la emoción. Estar aquí y ahora y, a la vez, allá y entonces.

Salgo a caminar.

Un lunes a las cuatro de la tarde no pasa mucho en Palamós. Hay poca gente y los comercios están cerrados. Voy hacia la calle Mayor. Allí, en los sesenta, se montaba el mercado de verduras, carnes, frutas. Ahora hay tiendas como El Mercado del Mar, que vende souvenirs –faros en miniatura, salvavidas–, bares, restaurantes, tiendas de ropa. El cartel de Modas Mariola anuncia que está allí desde 1962. Se ofrecen paraguas a doce euros, bolsos. Si Modas Mariola estaba aquí en 1962, Truman debió haber visto al menos la vidriera. Sé que la librería Cervantes y la pastelería Samsó estaban en la última cuadra de esta calle, pero cuando llego allí no encuentro rastros, solo una obra en construcción, una joyería, un bar, un local de Calzedonia en el que hay una chica. Me acerco y le pregunto si escuchó hablar de una librería llamada Cervantes. Dice que no, que pregunte a las mujeres del estanco, que «son de toda la vida». Como quien salta de una piedra a otra aunque sepa que terminará en el agua, voy al estanco. Una mujer dispone postales en el exhibidor de la puerta. Le pregunto por la librería Cervantes.

–Uh, pero de esa librería hace muchos años.

–Sí. ¿Se acuerda dónde estaba?

–En la calle Cervantes.

–¿No en la calle Mayor?

–Pues no. La librería Cervantes, de la calle Cervantes.

–¿Y la pastelería Samsó?

–Uh, pero de eso hace muchos años.

Desisto. Desciendo por la calle Mayor hacia el mar porque encontré en Google Maps una referencia, Casa de Truman Capote, en un sitio distinto al de la casa de La Catifa. ¿Se trata de otra casa? Sigo las indicaciones, pero llego a un restaurante. Pregunto al mesero. No sabe quién es Capote. Me sugiere hablar con una mujer que está detrás del mostrador abriendo unas cervezas.

–Ah, sí, Truman Capote, lo conozco.

–Vivió acá.

–Bueno, eso yo no lo sé. Soy de aquí de toda la vida y yo eso no lo sé. Pero fíjate por allá arriba, subiendo las escaleras al final de la calle.

Sé dónde llevan esas escaleras –ya pasé antes– y no llevan a Capote. Voy hacia la lonja del pescado, frente a la cual estaba el restaurante Los Caracoles. Ahora hay una serie de establecimientos con nombres como Pirata, Tiracanyes, Celler de la Planassa, Can Blau, todos cerrados. Un hombre mayor se acerca desde la esquina. Viejos: son mi esperanza. Saludo, le pregunto si sabe dónde estaba Los Caracoles.

–Sí, conozco –dice, y vuelve sobre sus pasos–. Es este de acá atrás. Era Los Caracoles y ahora se llama El Bareto de no sé qué.

Señala un restaurante pequeño, coqueto, cerrado: El Nou Bareto. Vuelvo hacia la calle Mayor. Ya son más de las cinco y Modas Mariola debe haber abierto. En efecto, dentro de la tienda una mujer dispone bolsos en los estantes. Saludo, le digo que busco una librería llamada Cervantes a la que iba un escritor norteamericano, Truman Capote.

–Librería Cervantes aquí, en Palamós, no me suena.

–De este señor, Capote, tampoco escuchó nada.

–No. No la puedo ayudar.

–Escribió un libro muy importante en Palamós, a comienzos de los sesenta.

–Tenía dos años, yo.

–A lo mejor sus padres le contaron alguna historia.

Pero sus padres no le contaron ninguna historia, así que me voy. En realidad, preguntar por la librería Cervantes es una excusa: solo me interesa constatar, de manera tramposa, hasta qué punto el pasado no existe, hasta qué punto no se ha conservado la memoria. Poco más allá, en un almacén, hay un hombre sentado detrás de la caja.

–Hola, buen día. ¿Le puedo hacer una pregunta?

–Sí, claro.

Me gusta y me aterra hacer esto: me gusta porque me recuerda mis primeros años de trabajo, en los noventa, cuando para mí era importante recoger testimonios en la calle, entrenarme en el abordaje intempestivo; y me aterra porque acercarse a un extraño para hacerle preguntas abre la posibilidad del rechazo o la agresión.

–Estoy buscando los rastros de una pastelería que se llamaba Samsó y una librería que se llamaba Cervantes.

–Pues vas muy bien –dice con una carcajada–. Estás buscando los rastros porque ya no están. Donde estaba la pastelería Samsó ahora hay un bar que se llama Nuà, y la librería Cervantes estaba aquí abajo, pero ya no está. Donde iba Truman Capote, ¿no?

El hombre sale a la vereda y señala un sitio ubicado pocos metros más adelante, junto a Calzedonia.

–¿Ves ese bar, el Nuà? Allí estaba la Samsó. Y esa obra en construcción, al lado, era la librería Cervantes.

El Nuà es uno de esos bares modernos cuya principal mercadería es la impostación de la simpleza. Sillas de madera, panificados con nombres en inglés, tazas de tamaño campesino, meseros con delantales que aportan el aspecto falso de quien ha estado amasando desde las cuatro de la mañana. Junto al bar, un edificio de dos pisos en plena obra.

–Hace veinticinco, treinta años que ya no era librería.

–¿Usted cómo sabe que Capote iba allí?

–He leído un poco el libro de Màrius Carol, pero nada más. También se sentaba en otro bar de por ahí, el Maria de Cadaqués. Y también iba a Los Caracoles, que no está más. Ya no queda nada. Discúlpame, me llaman.

Veo, a unos metros, la tienda de *delicatessen* Font. Parece tener sus años, un escaparate de esos que gritan: «¡Acá hay calidad, limpieza y cosas caras!». Entro. Un perro dachshund se acerca con su trote enano. Un hombre mayor sentado en la zona de clientes dice que es perra y que se llama Conxita. Pregunto por Capote.

–En el centro hay unos paneles que ponen la historia de Capote, pero no te sabría decir dónde –dice el hombre joven que atiende detrás del mostrador.

–El otro día vino alguien preguntando lo mismo –dice el hombre mayor, y caigo en la cuenta de que es el que le aseguró a Nicolás Gaviria que había visto pasar a Capote como quien podía decir que ha visto «delfines en el horizonte».

–Es amigo mío. Estamos buscando lo mismo. ¿Usted vio a Capote?

–Nunca lo vi.

–¿Y a Robert Ruark?

–Ese sí está muerto. Está al lado de mi panteón. ¿Ha ido al cementerio?

–Sí. Vi la lápida de Ruark.

–El panteón que está al lado es mío. Y al lado está

la lápida de él. Siempre hay flores. No sé quién las pone.

Esa noche ceno en el restaurante del hotel Trias rodeada de turistas franceses. Por la mañana, Pablo pasa a buscarme y me lleva de regreso. Al ver los muros blancos de Sanià siento que he llegado a casa –y no solo a esta sino a la madre de todas las casas–, y salgo a correr. Lo hago a toda velocidad y de manera perfecta, como si quisiera arrancarme toda la civilización que acabo de tragar.

Somos siete u ocho personas reservadas y silenciosas. Pasamos días sin ver un rostro extraño. Cuando en contadas ocasiones viene alguien desde Barcelona, siento como si el sitio se llenara de una música distorsionada a todo volumen.

Sabina escribe a mejor ritmo en las mañanas, camina, nada en cala Estreta, una cala cercana donde se topa con Quico, un hombre que vive allí en un sitio cedido doce años atrás por el Ayuntamiento, una cueva de hormigón sin baño ni electricidad ni agua. Me crucé con él dos veces. La primera, cuando fui hasta cala Estreta y la contemplé desde un promontorio. Al verme me gritó: «¿Quieres un café?». Me molestó la interrupción pero bajé hasta donde estaba. «¿Tú eres escritora?», me dijo. «No, periodista.» «Sé que estás en Sanià, te vi salir de allí corriendo por las mañanas.» Hablaba mirando su teléfono. Citó a Sócrates, lo que me dio esperanzas, pero de inmediato entendí que era una cita de póster. La segunda vez lo crucé mientras corría por un camino nuevo (lo abandoné pronto, tenía demasiadas cuestas). Él cargaba unas bolsas y gritó: «¡Si quieres chocolate, hoy a las once te espero en mi casa!». Le dije que venían editores a almorzar –no recuerdo si era cierto– y seguí corriendo. Pero Sabina lo escucha, le tiene paciencia. Un día regresó de nadar con un tupper repleto de chocolate con banana que él le había regalado. Ari le dijo: «No pensarás comerte eso: leche sin refrigerador durante días». El chocolate y la banana terminaron en la basura (todo lo que se consume en la casa es orgánico, o de granja, o ecológico, o proviene de animales sanísimos que hasta agradecen morir; la cadena de frío se respeta como si fueran las tablas de la ley y las heladeras tienen el orden y la limpieza de un quirófano). Otro día, Quico le dijo a Sabina en tono de queja: «Esa chica, Leila, ya no viene». Yo, en efecto, no voy. Quico representa la clase de cosa que más me fastidia: tener que hablar con un desconocido de algo que no me interesa solo por educación.

Marcos es silente, sigiloso. Lo veo leer en la hamaca que está junto al mar, o regresar caminando desde alguna parte, siempre sereno y un poco agotado.

Yo me despierto a las cinco o cinco y media, respondo correos, bajo a desayunar, salgo a correr, me ducho, trabajo, leo un rato al sol. A las ocho, bajo a la terraza, bebo y converso con Nicolás. Cenamos. A las diez subo a mi cuarto y sigo leyendo. Después, sueño sueños felices. Truman, aquí, tenía pesadillas estremecedoras.

Los guías se detienen frente a la puerta de este restaurante en la calle Mayor y dicen: «Capote venía aquí». En varios artículos de prensa pueden leerse cosas como: «En la sencilla taberna Maria de Cadaqués la propietaria, Maria Rubau, le preparaba los *suquets* de pescado. Le gustaba especialmente el de escórpora». El Maria de Cadaqués, mencionado en el libro de Màrius Carol como uno de los sitios que frecuentaba Capote, es un gran salón con techo abovedado que empezó siendo un despacho de bebidas para pescadores en 1936. Se entraba por la calle paralela, en el otro extremo del local que tuvo sucesivas ampliaciones. Marta Mercader es la heredera y dueña de este establecimiento que era de su bisabuela, Maria Abreu. Tiene mucho sentido del humor y amenaza a su marido diciéndole: «Un día te dejo y me voy a vivir a la Patagonia, a El Calafate». Estuvo allí hace unos años, después de pasar rápidamente por Buenos Aires porque «yo soy más de pueblo que de ciudad». Acodada en la barra, antes de abrir el despacho del almuerzo, se ríe cuando habla de Capote y de la ruta que incluye a su restaurante.

–Por lo que dicen, venía. El problema es que mis padres no guardan recuerdo alguno de eso. Cuando salió *L'home dels pijames de seda*, que menciona que venía aquí, lo hablamos, y mi madre decía: «Realmente, recuerdo haber oído a los abuelos decir que venía un señor un poco rarillo, que siempre se sentaba aquí, que iba vestido raro, pero nada más». Entonces, ¿que venía?, seguramente. Pero no lo recordamos. A veces ha pasado alguien y me dice: «¿Estuvo aquí?». Y yo: «Sí, sí, claro, se sentaba aquí, pedía tal plato». Pero la versión en casa es: «Recordamos a un hombre raro que venía». Además, no debían entenderlo. Nadie hablaba inglés. En este pueblo de pescadores la gente venía de una guerra, de una posguerra, habían pasado mucha hambre, ¿qué les cuentas de Capote? No valoraban que estuviera Truman Capote ni nadie. Si se puede sacar dinero, perfecto, y si no, pues fuera. Imagínate además una pareja homosexual en los años sesenta en un pueblecito de España. Algo escandaloso. Pero ya te digo, aquello de que «hemos hablado con él y hemos visto cómo escribía», no. Lamento no poder decirte: «Se sentaba aquí y hablaba con mi abuelo».

–Pero a los que te preguntan les decís que venía.

–Sí, claro, les digo que sí. Hombre, a ver, a ti te gusta Truman Capote y vienes hablándome en inglés y me preguntas si estuvo aquí. Yo me digo: «Ve a saber de dónde viene para que yo le diga que no sé nada».

Me gusta cómo se burla. La forma en que, inventando un cuento, produce realidad.

La pastelería Collboni, atendida por las descendientes de los descendientes de los descendientes, cerrará este año porque sus dueñas se jubilan y eso tiene muy mal a todo el pueblo: resulta irreemplazable. Ubicada en una esquina de la calle Mayor, es un sitio de escaparates en los que relumbran pasteles, tortas, bombones. Apenas entro y explico el motivo de mi presencia (entender de dónde salió la información, incluida en la ruta de Capote, de que él venía a comprar dulces aquí), Montse, una de las mujeres que atiende y que usa un corte de pelo que parece una declaración de pulcritud, se ríe.

–Iba a otra pastelería. A la Samsó. Acá no venía. Pero las excursiones vienen aquí, miran la tienda, la guía les cuenta que Truman Capote venía y que tal y cual. Y no.

–¿No las consultaron para armar la ruta?

–No, nada. La excursión viene aquí porque en la casa de enfrente hay una piedra con forma de cara. Explican lo que era esa piedra, que se dice que antes la gente no sabía leer y escribir y que esa casa era un burdel, entonces para que los marineros supieran dónde tenían que ir, estaba esa cara. Así que la gente ve la piedra y luego vienen aquí, se paran en el escaparate, les explican que Truman Capote venía a comprar. Pero no. Iba a la Samsó. Iba a coger el periódico a una librería y en la Samsó cogía el brazo de gitano de nata y el licor.

–¿Eso ustedes lo vieron?

–No, lo sabemos de escucharlo. Yo tenía tres años cuando él estuvo acá. Pero mis padres contaban que iba muy bien vestido, muy dandy, que se notaba que pasaba Capote por la calle Mayor.

El escritor y periodista catalán Sebastià Roig, que estructuró la ruta de Capote, atiende el teléfono desde el sitio donde trabaja, la biblioteca pública de Castelló d'Empúries. Pide que le envíe las preguntas por mail –pronto es Sant Jordi, está muy atareado– y responde poco después.

–¿En base a qué materiales organizó el recorrido? Me refiero a las fuentes: ¿investigó, se basó en libros, en artículos, en entrevistas?

–Me encargaron partir de la novela de Màrius Carol, *L'Home dels pijames de seda*. Claro, la recreación de Carol contenía algunos elementos de ficción, así que, al final, me acabé basando en el excelente *Truman Capote: la biografía*, de Gerald Clarke; la correspondencia de Capote, recogida en el volumen *Un placer fugaz*, y en otros libros de entrevistas o dedicados a su vida. La ruta se organizó a partir de los lugares donde había residido y los que comentaba en su correspondencia. También de los sitios que había frecuentado, gracias a los recuerdos de personas como Josep Colomer, antiguo propietario del hotel Trias; Carme Viu, que trabajó para el novelista Robert Ruark junto a su tía Cristina, que era cocinera; o Manel Salvador, propietario del restaurante Los Caracoles.

–¿Recuerda de dónde salió la información de que Truman iba a la pastelería Collboni o al restaurante Maria de Cadaqués? Estuve en esos sitios y en uno me aseguraron que no existía registro de que hubiera ido y en el otro que no iba allí.

–En cuanto a Maria de Cadaqués, tienes razón. En su momento, me entrevisté con Josep Mercader sobre Maria de Cadaqués. Me dijo que no sabían quién era Capote, ni que era famoso. Si había ido al local, suponían que lo habría hecho cuando el restaurante era muy diferente del actual, una taberna. Y aventuró que Truman podría haber ido acompañando a Alan Ritchie, el secretario de Robert Ruark, que sí que era un asiduo del local. En cuanto a la Pastisseria Collboni, es cierto. No hay relación aparente. Diría que lo de la Pastisseria Collboni se escogió porque, en algunos momentos de la ruta, se tenía que leer algún fragmento breve de la novela de Carol. Y se escogió la Collboni, donde fantaseaba con que Jack Dunphy había ido a comprar un pastel. Capote sí que era cliente de la desaparecida Pastisseria Samsó, donde compraba ginger ale, aceitunas y ginebra. Ruark también fue cliente de la Samsó. Manel Salvador me dijo que Samsó les hacía pasteles a ambos.

Manel Salvador no era el propietario, sino el hijo del propietario del restaurante Los Caracoles. Le pregunto a Marta Mercader si lo conoce, ya que los dos están en el rubro gastronómico. Dice: «Mi padre lo conoce. Le voy a preguntar si está vivo». Al rato me envía un mensaje: está vivo. Me pasa el teléfono de Esther, hermana de Manel. La llamo. Aunque en Sanià no hay señal, mi móvil, por un motivo que nadie logra entender, funciona perfectamente. Esther atiende en catalán: «Digui?». Le respondo en español. Le explico que soy periodista, que estoy buscando a su hermano por tales y cuales motivos.

–Yo también conocí a Capote, pero a mi hermano le gusta presumir. Voy a ver si está, porque a esta hora se va de tertulia con sus amigos. Es que me pillas en mal momento, me estaba duchando.

–No se moleste, la puedo llamar después.

–Es que vive aquí, vivimos puerta con puerta.

Escucho pasos, golpes.

–Manel. ¡Manel!

Silencio. Esther dice:

–No sé si estará.

–La puedo llamar después. A lo mejor ahora usted me puede contar lo que recuerde de Capote.

–No, yo no quiero hablar. Lo recuerdo, pero ni fu ni fa.

Finalmente, se escucha la voz de un hombre, un diálogo en catalán. El teléfono cambia de manos.

–*Digui?* –saluda Manel Salvador.

Le digo que soy periodista.

–No te preocupes, nadie es perfecto.

Le cuento por qué lo busco.

–Mi gran amigo Truman. Único e inigualable. Tengo mucho para contarte.

No me hago ilusiones. Imagino dos o tres frases acerca de lo que comía, esa superficialidad que no sirve de mucho (pero que empieza a servir, puesto que es lo único que hay). De todos modos, le pregunto cuándo podemos encontrarnos.

–Ahora.

Le explico que la casa está aislada, que no tengo auto propio, que debo planificar con tiempo. Le propongo verlo al día siguiente a las diez de la mañana.

–Perfecto. A las diez estoy siempre en un bar con mis amigos para hablar de lo humano y lo divino y, como corresponde, criticar al gobierno. Yo siempre tengo la agenda vacía, pero ahora se ha juntado todo. Esta tarde tengo una televisión. ¿Tú tienes carro? Le dicen «carro» al auto en la Argentina, ¿verdad?

–No, auto.

–En algunos países latinoamericanos le llaman «carro». Te espero mañana en el bar Can Roig, que a ti no te dirá nada, pero apunta la dirección.

Me da la dirección, tomo nota.

–Su hermana también conoció a Capote, pero dice que no quiere hablar.

–Mejor que no hable. *Adeu.*

Al día siguiente, Manel Salvador llega pocos minutos después de las diez a Can Roig, un bar de Sant Antoni de Calonge sin ninguna singularidad: salón grande, televisor clavado en un partido de fútbol. Una de las mesas está ocupada por cuatro hombres que, asumo, son sus amigos, aunque él no los saluda. Tiene ochenta y cinco años que parecen diez menos, un audífono discreto en el oído izquierdo. Despliega un diario local en catalán y señala una columna de opinión firmada por él.

–Lástima que no leas catalán, porque tú y yo en cierta forma somos colegas.

La columna aborda asuntos políticos. Alguna vez lo demandaron por su contenido. La familia Salvador era dueña del hotel Rosa de los Vientos, sobre la playa, y empieza contando la enredada historia que les permitió vender ese predio después de batallar contra una ley que impedía las construcciones nuevas en el área, una batalla que incluyó cartas enviadas al presidente de la Generalitat, al expresidente, al presidente de la delegación y hasta al arzobispo de Barcelona.

–Y tengo que reconocer una cosa: todos me respondieron. Pero no me resolvían el problema. El arzobispo me dijo que confiara en Dios.

Después de diez minutos de relato llega al momento en que él y su hermana pudieron vender el predio y ser finalmente felices.

–Capote...

–Ah, sí. Mi amigo Capote. Mi familia era propietaria de una tasca, Los Caracoles, que estaba frente a la lonja del pescado. En esa época yo tenía catorce años y había solo tres o cuatro restaurantes en Palamós. Los Caracoles era, aunque parezca una exageración, como el Bulli ahora. Estaba mi padre, que era el mejor cocinero del mundo, mi madre, yo y dos chicas que nos ayudaban. Por ahí pasó la flor y nata de España y del mundo.

–¿Por ejemplo?

–La hija de Franco. La señora Churchill. La Elizabeth Taylor. Toreros, militares, políticos. La comida era muy sencilla. No era de esas... iba a decir mariconadas que hacen ahora, pero no lo digo. La cocina típica de Cataluña de toda la vida. No esas tonterías: croquetas de humo, espuma de tomate. Fuera de pescado, solo teníamos solomillo, entrecote y costillitas. Hacíamos cazuela de marisco, *suquets* de pescado.

–¿Cómo llegó Capote a Los Caracoles?

–Alquiló un apartamento al lado de Los Caracoles, en La Catifa. Tenía un amante que se llamaba Jack. Pero Capote traía jovencitos cada día. Nosotros cada mañana teníamos que servirle el desayuno en su casa. Siempre pedía lo mismo: dos cruasanes, dos zumos de naranja y dos cafés. Ibas allí y veías que estaban él y dos o tres jovencitos, a las nueve de la mañana. Claramente habían pasado la noche allí.

La imagen del Capote orgiástico parece cultivada en el invernadero de la imaginación para entregar algo «novedoso» a una periodista a la que se le ha prometido contar cosas acerca de «mi amigo Truman, único e inigualable», pero es una pieza inverosímil: las orgías con muchachos españoles y un escritor que había llegado para alejarse de la distracción parecen cosas incompatibles.

–Era un hombre de mucho prestigio en América –sigue Manel, insatisfecho ante la evidencia de que no voy a preguntarle por los jovencitos–. Pero cuando vino a Palamós nadie sabía quién era. Al cabo de quince días ya se había hecho famoso, pero nadie había escuchado en su puñetera vida de Truman Capote porque Palamós estaba exento de intelectuales. Después se hizo amigo del pastelero Samsó, que le suministraba alcohol. Y a Samsó se lo suministrábamos nosotros, porque el alcohol extranjero era de contrabando. Nosotros lo comprábamos a los barcos americanos, que lo vendían a los guardias civiles, y los guardias civiles a nosotros. Creo que a Capote lo trajo, no me atrevería a asegurarlo, un diplomático americano que vivía en la casa de al lado, míster Millar. Era muy amigo de Capote y le aconsejó que viniera aquí a trabajar tranquilo.

–Se acuerda...

–No me digas de usted, que me haces sentir más viejo. En la Argentina tratan de tú a todo el mundo, ¿verdad?

–No. A las personas mayores las tratamos de usted, sobre todo si no las conocemos.

–Pensé que usaban el tú.

–No. ¿Vos te acordás...?

–Ah, qué bonito el vos que usan los argentinos. ¿Sabes que el vos...?

Entonces explica los usos del vos en España, su antiquísima historia y, varios minutos después, le pregunto lo que iba a preguntar:

–¿Recordás la primera vez que lo viste?

–Hombre, claro. Era más maricón que un palomo cojo. Era de estos que no lo disimulaban. Era una loca. Pero muy bien educado, muy amable y muy generoso con las propinas. Daba unas propinas que era lo que ganaba un trabajador en todo el día. Si recibía amigos, si eran siete u ocho, venía a Los Caracoles. La casa donde vivía era muy pequeña. Una cocinita, una habitación, una sala. Era bonito porque tenía el mar debajo y una terracita. Siempre comían en la terraza. Un señor muy educado. Siempre daba las gracias. Aquí venían personalidades internacionales. Pero luego, cuando vino la invasión del proletariado, perdón por llamarlo así, pero es lo que son, no es nada malo, entonces ya la otra gente no vino tanto. Él luego se fue a la casa del secretario de Ruark. Nosotros suministrábamos la comida para las fiestas que hacía Ruark. Éramos los camareros. Y nunca vi nada que no fuera alcohol y cigarrillos. Nunca.

–¿Estaba Capote en esas fiestas?

–Eran amigos Truman y Ruark, pero no puedo precisar si vi a Capote en casa de Ruark. Él estaba con Jack, que era callado, discreto. Así como a Capote se le veía a veinte leguas de qué iba, a ese señor no. Alto, bien plantado. Hasta yo, que soy hombre, y te aseguro que no me gustan los hombres, así como tú puedes decir que una mujer es guapa y no por eso vas a ser lesbiana, pensaba: «Este tipo está bien plantado». Pero claro, tendría sus motivos. Si Capote no hubiera sido quien era, y no hubiera sido americano, lo hubieran encerrado en la cárcel. A los homosexuales en aquellos tiempos se los perseguía en España. Aquí le tenían simpatía. Le decían «el maricón», pero era simpático y además la gente que trataba con él se ganaba la vida. La señora que iba a limpiar, el señor Samsó. Todo el que se acercaba a él recibía dinero. Pero si tú vas a un concurso de televisión y preguntas: «¿Donde escribió Truman Capote *A sangre fría*?», raramente el participante te dirá que fue en Palamós. ¿Tú leíste la novela de Màrius Carol?

–Sí.

–Ahí dice una cantidad de mentiras. Ha inventado.

–Es una novela.

–Yo le mandé una nota que decía: «Si tú querías escribir sobre Truman Capote, haber venido aquí a

Palamós y haberte entrevistado con las personas que lo tratamos, que con mucho gusto hubiéramos colaborado desinteresadamente. Pero no escribas así, hombre, una cantidad de tonterías y cosas que no se ajustan ni en fechas ni en la realidad ni en nada de nada».

–¿Pero con quién podría haber hablado, además de entrevistarte a vos y a Colomer?

–Había una chica que vivía en Palamós, Carme Viu. Era muy joven, una persona de confianza, un ama de llaves de Ruark. Ella vive.

«Todas las mañanas amanecía rodeado de jovencitos», dice Manel. «Hacía fiestas de disfraces», dirá alguien después. Carta de Capote fechada en abril de 1962 a su editor Bennett Cerf: «Nada podría haberme obligado a llevar esta vida fantasmal excepto el libro. ¡Dios, más vale que sea una obra maestra!».

Carme Viu va a decir, dentro de dos minutos, algo impresionante. Pero ahora esta mujer de noventa años, más de un metro setenta, delgada, el pelo teñido, la boca amplia, me dice desde lo alto de una escalera empinada en su casa de la calle Pedró, de Palamós:

–Sube, sube.

Subo rápido, sin tomarme del pasamanos.

–No, no, aférrate, que la escalera es muy recta.

Se rompió tres costillas hace un mes cuando se cayó en el baño. No parece afectada. Tiene la prestancia de una bailarina. Usa jeans, un suéter azul. Me invita a pasar y señala algo a mi espalda.

–¿Lo viste allí, en el retrato?

Me doy vuelta: un cuadro pintado al óleo, un rostro.

–Ruark –le digo.

–Mi señor –dice ella, en un susurro aspirado.

Carme trabajó desde los veinte y hasta los treinta y dos años como camarera en casa de Robert Ruark en Es Monestrí. Junto a esa casa, en la primera línea de playa, estaba la de su secretario, Alan Ritchie, en la que se hospedó Capote.

–Truman vivía en la casa de al lado de mi señor. Por eso lo conocí tanto.

La vivienda de Carme tiene dos pisos. El superior consiste en una sala con muebles y lámparas de líneas curvas de los años setenta. En el inferior están la cocina y el comedor, más modernos, y los dormitorios, donde se repite la elegancia psicodélica: alfombras redondas de colores vivos, sillones tapizados con telas vibrantes, armarios enchapados en madera, manijas regordetas. Todo está sumido en la misma pulcritud con que ella se sienta, colocando los pies en punta, las piernas entrelazadas, las manos largas cayendo en diagonal sobre uno de sus muslos.

–Truman solía venir con sus dos perros. Pasaba a la cocina y me decía: «Carme, ¿están los perros, están encerrados?». Porque en la casa había perros. Yo lo conocí mucho. Era un hombre que era como era. Muy homosexual, lo sabía todo el mundo, pero agradable. Se podía hablar. El último año que estuvo en Palamós se fue a Sanià. Y allí lo fue a ver su amiga, Harper Lee, pero cuando ella se marchó dejó dos vestidos en la tintorería. Un día viene Truman y dice: «¡Carme, Carme!». «¿Qué?» «Toma.» Y me trae la ropa envuelta en papel de la tintorería, dos vestidos preciosos pero portables completamente. De punto, una marca italiana. Uno, manga hasta aquí, de color más o menos naranja, y el otro color berenjena con los mismos dibujos. Los usé mucho tiempo. O sea que yo con Truman he tenido bastante relación.

–¿Usted hablaba inglés?

–No, cuatro cosas. Él no hablaba español, también decía cuatro cosas. Pero para lo que teníamos que decir, nos entendíamos. «¿Están los perros?» Estaba con Jack, que salía muy poco. Yo no lo vi nunca. Hacía una vida muy recogida. Era Truman el que iba al pueblo a comprar periódicos y cosas. Pero de los que lo conocieron, creo que quedamos yo y el señor Josep, el dueño del hotel Trias. Los demás están muertos.

–Y Manel Salvador.

–Ah, sí. Claro. Pero era joven él.

Carme vivió en la casa de Sanià entre los tres y los cuatro años. Su padre fue el jardinero de la finca hasta que empezó la guerra, lo llamaron a filas, y ella y su madre regresaron a Palamós.

–Cuando terminó el conflicto, mi madre viajó a Francia para sacar a mi padre de un campo de concentración. Y lo sacó. Luego, pasando los años, llegó el señor Ruark. Yo tenía veinte.

–Le sigue diciendo «Mi señor».

–Mi señor, claro. Yo creo que era el año 53. Él vivió doce años más, pero ya estaba enfermo. Los escritores beben mucho, fuman mucho, llevan una vida un poco desordenada. Mi tía, Cristina, trabajaba allí como cocinera. El señor vivía con su mujer, Virginia, Ginny. Me preguntaron si quería trabajar como camarera y dije que sí. Yo era una catetilla de pueblo y allí aprendí muchas cosas.

–¿Como cuáles?

–La manera de comportarte, la manera de expresarte. Había ido a un colegio de monjas, y las monjas en aquel tiempo ¿qué te enseñaban? A rezar, pero no mucha cosa más. Sabía escribir y leer correctamente, que eso es importante.

En la casa de Ruark, llena de pieles y animales embalsamados –«Teníamos cuatro colmillos de elefante preciosos, al señor le gustaba cazar»–, Carme asistía en los cócteles, las cenas, las fiestas. Se encargaba de servir las bebidas, de levantar copas y ceniceros.

–La gente de Los Caracoles ¿llevaba la comida para las fiestas?

–Nunca. Jamás. Eso no te lo creas –dice soliviantada, como si ya hubiera escuchado esa versión y quisiera exterminarla–. Se hacía todo en la casa. Hasta el helado. No hacían fiestas de disfraces ni esas cosas que dicen. Ni se drogaban. Beber, lo que sea. Pastillas, cero. Nunca. Pero Truman no era mucho de fiestas. No salía mucho. Trabajaba. Ese libro que escribió aquí tardó bastante en terminarlo. Lo empezó en la casa del secretario de mi señor y lo debe haber terminado en Sanià.

–No, lo terminó más tarde, en Estados Unidos.

–Fíjate qué cosa. Después él quería ir a la nieve, y creo que por eso no vinieron más, pero Truman y el señor no eran muy amigos.

–¿La amiga de Capote era la mujer de Ruark?

–Sí. Ella era amiga de Capote. Había un bar en la salita de estar. Cuando venía Truman se sentaban allí y se servían ellos. Con el señor no es que estuviesen a la greña, pero no tuvieron mucha convivencia. Porque como a mi señor le gustaban mucho las mujeres y el otro era tan gay... Una vez los amigos, que eran ingleses, hicieron una fiesta cuando el señor no estaba. Alquilaron un conjunto de música. Y estaba Truman, le encantaba bailar. Me cogió del brazo y me dijo: «Ven a bailar». Yo me quería morir, decía: «Ay, madre mía». Pero todo el mundo que estaba ahí está muerto.

Carme ha dicho «lo conocí mucho», ha dicho «teníamos una relación», ha dicho «se podía hablar». Pero solo lo vio bailar un poco, le sirvió bebidas, lo escuchó preguntar por los perros.

–¿A qué iba Capote a la casa cuando los Ruark no estaban?

–A dar una vuelta por el jardín con sus perros. Había mucho jardín, porque el señor fue comprando trozos y trozos.

–¿Qué se decía de él en el pueblo?

–Bueno, todo el mundo sabía que era un homosexual muy exagerado. Pero no se tenía por qué hablar mal, si no había hecho nada, el pobre hombre. Había gente que quizás no toleraba la homosexualidad pero tampoco se relacionaba con él. Él se relacionaba con gente que iba a comprar y tenían que tratarlo bien. Tenía una voz muy aguda. Era muy amanerado con los gestos. Y muy bajito. No es que fuese feo ni mucho menos, pero hacía estas expresiones tan amaneradas. Para una mujer no era atractivo. El que era atractivo era el Ruark. Sabía tratar a las mujeres. Todas se colaban.

Mientras trabajaba en esa casa, Carme conoció a Agustín González, un técnico de Radio Liberty que, ubicada en Pals, emitía una programación centrada en propaganda estadounidense y anticomunista. Cuando ella y González decidieron casarse, Ruark celebró la fiesta de bodas en su residencia.

–Yo no quería que me hiciera una fiesta, para mí era violento. Me llevó a la iglesia en su Rolls Royce. Mire si era buena persona. Luego nos pagó la luna de miel. Le dio quince días de vacaciones a todo el personal y ellos se fueron de safari. A mi tía le regaló una televisión enorme. Y al jardinero también. A mí me pagó la boda, el viaje de novios. Un hombre excelente. Mi marido y yo no queríamos tener hijos enseguida y mi señor me preguntaba siempre: «¿Y cuándo viene?». Yo le decía a mi marido: «Tengo vergüenza, debe pensar que no podemos tener». Al final me quedé embarazada a los tres años de casados. Pero el señor no pudo verlo. Ya estaba muerto.

Había muerto en junio de 1965 y yo me quedé embarazada en agosto. La señora es la madrina de mi hija. Me envió un regalo, una cosa de plata. Pero ya cuando mandó el regalo estaba mal. Murió después. Ella se había ido a Washington, porque se habían separado. Él había conocido a una escritora norteamericana que lo engatusó. Y cuando el señor murió, la señora Ginny vino. Fuimos al cementerio. Fue una cosa dramática. Ella se arrojó sobre la tumba. Lo quería. Lo quería. Pero todos están muertos ahora. La criada, el secretario, la señora que hacía la faena, mi tía, mi marido.

En 1965, Ruark fue a Barcelona a buscar un invitado. Se sintió mal y viajó desde allí directamente a Londres para tratarse. Duró poco, murió en el hospital.

–El secretario fue a buscarlo. Lo trajeron aquí. El hígado. Por la bebida. Pero dijimos que era una perforación de estómago. La capilla ardiente se montó en el salón. Y allí lo tuvimos. Él siempre había dicho que quería que lo enterrasen en Palamós y el Ayuntamiento cedió un trozo de terreno para que se hiciera una tumba. ¿Has estado en el cementerio?

–Sí.

–Una lápida de granito, no era nada especial.

–La vi. ¿Lo visita?

–Siempre. ¿Hay un ramo de flores artificiales?

–Sí.

–Cuando vivía mi tía Cristina, siempre había un ramo de flores frescas en la tumba de Ruark. Cuando mi tía murió, hace doce años, yo le seguí llevando flores frescas hasta que me hice mayor y ya no, porque luego tenía que regarlas y está esa cuesta que hay que subir para llegar, así que ya decidí poner un ramo artificial. Pero sigo yendo. Sigo yendo.

—¿Y la casa de Ruark dónde está?

—La casa de Ruark ya no existe más. Se llevaron todo, hasta las puertas, y la demolieron. La que sí está es la casa del secretario.

Le pregunto cuál es, dónde queda.

El día en que fuimos con Pablo y Nicolás a Es Monestrí pasamos varias veces frente a la casa del secretario de Ruark sin saberlo. Después de hablar con Carme Viu, les pido que volvamos. La encontramos rápidamente. Está sobre la playa. Tiene dos plantas, techo de tejas, celosías amplias, gran jardín con algunas estatuas y una mesa —o una escultura— redonda de piedra. No parece haber nadie, pero toco timbre. Nada. No hay registros de que Capote se haya quedado acá. No hay placa, no hay memoria. Si en Palamós su recuerdo está intervenido por el invento, aquí está borrado del mapa.

En 1962, Jack sugirió que pasaran el verano en Córcega y no en la Costa Brava. Fue una mala elección: la isla estaba repleta de turistas, Capote no lograba concentrarse y le robaron un sobre con quinientos dólares. Así que llamó por teléfono al hombre que todo lo solucionaba, Josep Colomer, para decirle que regresaban a Palamós y que necesitaban una casa.

–Llamó por teléfono –dice Josep Colomer–. Yo había conocido a José María, de la familia Amurrio, y le dije: «Mire, tengo un compromiso, yo me hago cargo de todo lo que pudiera pasar, así que por favor alquíleme la finca que tiene en Sanià». Y logré que Truman Capote estuviera en Sanià.

Así fue como llegó a la casa donde invoco, sin éxito, su aparición. «Pichorrica: Leila's room is across the way.» Pero Pichorrica no aparece, ni como fantasma ni como nada.

La foto de WhatsApp de Jordi Pagès es una lengua Stone con la palabra «Ácrata». Nos citamos una tarde de jueves en el bar Mònica, de Palamós. Vive en Sant Feliu de Guíxols, a veinte minutos. Trabaja en una fábrica. Es nieto de Pepita Blanch Martí y de Pedro Martí (como ambos tenían el mismo apellido, antes de permitirles contraer matrimonio la Iglesia ordenó una investigación para asegurarse de que no fueran parientes). Ella trabajó como cocinera y él como mozo todo servicio en la casa de Sanià durante la estadía de Capote. Ambos fallecieron, el padre de Jordi también –durante la pandemia de covid-19, por un ictus– y Santi, el hermano gemelo del padre de Jordi, hace doce años y por un cáncer de colon. Todo lo que recordaran ha muerto con ellos.

–Mi abuela siempre decía que a Capote le gustaban los huevos fritos –dice Jordi, tomando un café.

Es un hombre alto, de ojos muy claros. Usa un buzo verde con la inscripción «Me la bufa», y habla de manera atropellada, un poco tenso. No está habituado a las entrevistas. Nunca le han preguntado sobre Capote. A su padre lo entrevistaron una vez en el periódico *Punt Avui*, de Girona.

–Cuando fue el boom de la película de Capote. Tenía fotos de mis abuelos con Capote. Se las dio con buena fe al reportero y no se las devolvieron. Pero en mi casa no le daban mayor importancia. Una vez, Capote hizo venir a un médico suyo desde Londres para que le atendiera una gata que querían con locura, él y su secretario Jack.

Jack cambia de amante a secretario y de allí a compañero según el interlocutor (y, al hablar de la homosexualidad de Truman, todos subrayan que «a pesar de eso» era muy educado). Capote fue a Londres en 1960 para entrevistar a un psiquiatra que podía ayudarlo a entender a los asesinos, y regresó con un perro –el suyo, Bunky, había fallecido– comprado en Harrods al que bautizó Charlie Fatburger. Colomer asegura que él mismo le presentó al veterinario del pueblo para que atendiera a sus animales. Que trajera un médico personal desde Londres para atender una gata suena a excentricidad innecesaria.

–La gata tenía algo en los ojos. El médico estuvo un par de días, le dio un medicamento, pero no le funcionaba, y mi abuela le dijo que le pusiera algodón mojado en infusión de camomila. Le decía: «¡Camomila, camomila!». Se lo puso, funcionó y quedó encantado. Y descubrió los *bafos*, los vahos.

Era un hombre propenso a resfriarse y mi abuela le decía: «Haga *bafos*, haga *bafos*». Cuando se fue, les regaló un abrecartas. Lo tuvieron muchos años. Sin darle mayor importancia. Eran gente normal y habían trabajado para alguien famoso, pero no hemos convertido en el centro de la familia el hecho de que mis abuelos paternos fueran el servicio de la casa Sanià, donde estuvo Capote. No sabría decirle si ellos eran conscientes de que era un gran escritor. De lo que más hablaban era de las fiestas que montaba con su secretario. Hacían ir a todos vestidos como romanos, con túnicas, todo extravagante.

Huevos fritos, camomila, vahos, un abrecartas. Es todo lo que hay. Un rato después nos despedimos. Cuando voy a la caja a pagar los cafés, me dicen que Jordi Pagès ya pagó el suyo. Es demasiado tarde para todo.

–Sssanià –me corrige Conxita Samsó en su casa.

Hace minutos, Nicolás y yo tocamos timbre y la voz de una mujer por el portero preguntó: «¿Sí?». Le expliqué quién era, por qué la buscaba, y dijo: «Te abro, sube».

La puerta da a una escalera. Arriba esperan Conxita Samsó y una amiga.

–Pasa, pasa. Mira, esos son mi padre y mi madre –dice, señalando la foto de una pareja: un hombre de bigotes, una mujer con delantal.

La sala donde nos sentamos –una mesa, un par de sillas, dos sillones– está unificada con la cocina de líneas netas. La pastelería Samsó estuvo debajo hasta 1985, cuando Josep Samsó murió y la madre de Conxita decidió cerrar.

–Ahora estoy en la casa Sanià... –explico, pronunciando la «a» abierta, en español, y Conxita me corrige:

–Sssanià –pronuncia en catalán, donde la «a» del comienzo es una «e» licuada, desistida, sin voluntad.

Intento imitar:

–Sanià.

–Sanià –corrige Conxita.

Es docente retirada, lo cual podría explicar su retorcido afán pedagógico. Cuando se da por satisfecha, o cuando entiende que no voy a lograrlo, habla de Palamós en tiempos idos:

–En esta calle, la calle Mayor, se hacía un mercado y la gente del campo venía a vender las frutas y las hortalizas. Había muchos sitios de comida, carnicerías y panaderías. En mi casa había pastelería, pero además mi padre vendía whisky, bourbon, productos selectos. Los iba a buscar a Barcelona. Lo que compraba lo vendía seguro a los americanos. Traía vodka ruso; si había caviar, compraba caviar. Truman era cliente de la casa. Compraba whisky, pasteles para desayunar. Vino a través de otro escritor que estaba aquí, Robert Ruark. El secretario de Robert Ruark creo que fue el que hizo que Capote viniera aquí, si no me equivoco.

–Junto a casa Samsó estaba la librería Cervantes.

–Sí. Había una carnicería y luego venía la librería Cervantes. Pero en esa librería no vendían periódicos. Él compraba los periódicos en casa Vidau, donde está ahora una tienda de ropa que ese llama Místic. En la Cervantes no vendían periódicos.

–¿De dónde salió esa información? Porque figura en todas partes.

–Nunca vendieron periódicos en casa Cervantes. No lo sé. Yo tenía unos ocho años y él venía en unos coches grandes. Era muy extravagante. Mi padre era guapo y Capote siempre le hacía la broma de que se parecía a Clark Gable. Y decía: «Con perdón de las pechugas de la señora Esperanza», que era mi madre.

Me pregunto cómo, sin hablar español, Capote podía decir: «Con perdón de las pechugas de la señora Esperanza», pero no digo nada. Al menos, Conxita no alardea de haberlo conocido mucho ni de haber sido su gran amiga.

–Era extravagante para un pueblo que no había visto nada. Habíamos pasado la Guerra Civil hasta el 39. Era una sociedad muy apagada. Incluso Barcelona era una ciudad gris. Y, claro, un gay aquí era algo… Mucha gente creía que ni existían los gais. Pero se permitía porque era de afuera, no sé si me entiendes.

Hace una pausa y mira a Nicolás Gaviria como podría mirar una maestra de colegio a un alumno díscolo.

–¿Y no se puede ir un día a Sanià?

No suena a pregunta sino a imposición: deben dejarme entrar. A mí, que fui testigo, que lo vi comprar pasteles.

En el folleto de la ruta de Capote figura el testimonio de Pepita Sala, que trabajaba en la librería Cervantes. Allí recuerda a Capote como «un hombre más bien reservado. Y con un cierto punto de superioridad hacia el resto de la gente. Serio no vestía. Más bien era desgarbado. Pero nunca le vi correr con gabardina en el pico del verano, como se ha dicho». El 7 de agosto de 1962, según Pepita Sala, «Capote cogió un diario, lo abrió sobre el mostrador y empezó a decir: "Oh, pero si se ha muerto mi amiga. Se ha muerto Marilyn Monroe". Se quedó parado. Yo no le seguí la conversación porque siempre guardábamos las distancias. Él, con la gente, más bien se hacía algo antipático. No daba mucha conversación a nadie. Iba a lo suyo. Nunca miraba a nadie».

¿A quién, que no hablara inglés, podía darle conversación? ¿Iba desgarbado, como dice Pepita Sala, o era un dandy, como le contaban sus padres a Montse, de la pastelería Collboni? ¿La librería Cervantes vendía periódicos, como dice Pepita Sala, o no los vendía, como sostiene Conxita Samsó?

Me empeño en descubrir qué hay de mentira y qué hay de verdad en datos que son de una banalidad vergonzosa. ¿Qué importa si compraba diarios en la Cervantes, si iba a buscar pasteles a la Samsó o a la Collboni? Compraba diarios, compraba pasteles, da igual dónde lo hiciera. Nada de eso explica cómo era Capote mientras estuvo aquí. A lo mejor me empeño en seguir pistas de una estupidez escalofriante por una deformación profesional: la necesidad de enmendar alguna cosa. O por comprobar hasta dónde ha llegado el daño. Los periodistas vivimos de la memoria ajena. Nos alimentamos de eso como criaturas de la noche. Es nuestro tesoro. Aquí fue dilapidado. Trabajó con ferocidad el tiempo, esa materia bifronte que ayuda a olvidar cuando se quiere olvidar pero que también se traga lo que debería ser recuerdo.

Como en la casa de Sanià tenía dificultad para recibir correspondencia, Josep Colomer le sugirió que sus amigos le enviaran las cartas al hotel.

–Yo las recibía y se las enviaba. Le gustaba bañarse en una pequeña caleta que había allí, en Sanià, se ponía desnudo y disfrutaba. Era homosexual. Tenía un compañero muy importante que también escribía. Cuando yo llegaba, él se cubría y yo le entregaba la correspondencia. Una cosa un poco especial. Era un hombre... estrafalario.

–Excéntrico –dice su hija Ana.

–Sí, excéntrico. La palabra bonita es «excéntrico» –dice Josep Colomer.

Capote escribió, desde Sanià, muchísimas cartas. Parecía un corresponsal cariñoso, más preocupado por sus amigos y por las dificultades que atravesaban –un juicio, enfermedades, falta de dinero– que por él mismo. Las despachaba cuando iba al pueblo desde una oficina de correos que ya no existe y en la que ahora hay una sucursal del BBVA. En esa correspondencia, recogida en *Un placer fugaz: correspondencia* (2007), se alegraba por las buenas críticas que recibían los libros de otros, los consolaba por las críticas malas, ofrecía dinero a quienes lo necesitaban (aun cuando por entonces no tenía tanto), corregía los relatos de uno de los hijos de Alan Dewey que tenía aspiraciones de escritor. Las alusiones a la Costa Brava son escasas, casi nulas. Las menciones al proceso de escritura de *A sangre fría* son varias, aunque siempre ocupan menos espacio que todo lo demás y, a medida que pasan los meses y los años, se vuelven más desesperadas.

Antes de llegar a Sanià, el 3 de mayo de 1960, escribió en una carta a los Dewey: «Corazones: el libro va bien [...] Alvin, esto es muy importante. En el diario de Nancy había entradas de los últimos cuatro años. Necesito las del sábado 14 de noviembre de 1958, y de 1957 y 1956. ¡Es urgente! Si ya no tienes el diario, ¿a quién se lo puedo pedir? Os echo de menos a todos. Besos». La siguiente, del 17 de mayo, también a los Dewey, decía: «Corazones [...] Me siguen surgiendo preguntas en relación con el libro, y las seguirá habiendo. Por ejemplo, según mis notas, los Clutter hicieron construir la casa en 1943, pero no parece posible: ¿fue en 1943 o en 1953? Y otra: ¿cuántos kilómetros hay de Holcomb a la frontera con Colorado? ¿Hay nueva fecha para que les dicten sentencia?». Desde la casa alquilada al secretario de Ruark escribió al productor de Hollywood David Selznick y a su mujer: «Cariños míos [...] Aquí tenemos una casa preciosa frente al mar, donde nos quedaremos hasta finales de septiembre. Sin embargo, no tengo intención de volver a Nueva York hasta que haya acabado el libro y, viendo cómo se me va complicando la cosa, no creo que lo tenga listo antes de un año. Solo Dios sabe lo duro que estoy trabajando, sin ver a nadie [...] Nunca en la vida había trabajado tanto, pero me va a salir un libro muy bueno». El 31 de julio de 1960 le escribió a Newton Arvin: «Mi dulce Sige: "Branca" no: "Brava" (la costa salvaje) [...] Así que aquí me tienes, floreciendo en la costa salvaje, una parte algo rara de España, que ya es un país raro de por sí [...] No quiero volver a casa hasta que haya terminado el libro de Kansas, y como es muy largo [...] puede que tarde otro año o incluso más. Tampoco me importa mucho: tiene que ser perfecto, y por eso me estimula tanto y estoy completamente dedicado a él. Y créeme: si tengo la suficiente paciencia, podría ser una especie de obra maestra: el material es de primera, y he recopilado una gran cantidad (más de cuatro mil páginas de anotaciones mecanografiadas). A veces, cuando pienso en lo bueno que puede llegar a ser, casi me cuesta respirar. Vaya, todo ese asunto fue la experiencia más interesante de mi vida, y sin duda ha cambiado mi vida, ha alterado mi punto de vista sobre casi todo. Esto es una Gran Obra, créeme, y por mucho que fracase, saldré ganando». El 6 de septiembre de 1960 le escribió a su amigo Andrew Lyndon: «Hemos tenido un verano más tranquilo si cabe que el tuyo. He trabajado con constancia y muy intensamente en el libro de Kansas. Lo aborrezco, aborrezco tener que lidiar con estos materiales y hacer el esfuerzo día tras día, pero me tiene absorbido y dedicado por completo, estoy involucrado emocionalmente a un nivel que en pocas ocasiones he experimentado». En noviembre de 1960 le escribió a Newton Arvin: «Este será mi último intento en el mundo de los reportajes; y en cualquier caso, si salgo vivo de esta, habré dicho todo lo que tengo que decir sobre el género. Mi interés por él siempre ha sido completamente técnico; no me parece ni me ha parecido nunca que a esta disciplina le hayan dado alguna vez forma artística. Creo que *A sangre fría* [...] tiene bastantes oportunidades de convertirse en una obra de arte. Por desgracia, estoy demasiado implicado emocionalmente con el material; por Dios, ojalá se acabe esto. Por una parte, me gustaría volver a casa, pero por la otra me he prometido no hacerlo hasta que el libro esté acabado». En abril de 1961 les escribió a los Dewey desde Verbier: «¡He llegado a un punto del libro en el que necesito saber cómo acabará! Vaya, ¿crees posible que no se ejecute la sentencia?». En junio de 1961 volvió a escribir a los Dewey desde la casa del secretario de Ruark diciendo que estaba mejor –había tenido malestares de toda clase– de cuerpo pero no de alma: «Pensar que tengo que pasar otro año o más esperando que el juicio se resuelva me deprime enormemente». El 4 de julio de 1961 le escribió a Andrew Lyndon: «Lo más bonito de la Costa Brava es que está muy pasada de moda. Por aquí no viene nadie, ni quiere venir nadie, excepto un montón de lecheros inglesuchos y de conductores de tranvía alemanes». El 12 de julio de 1961 les escribió a los Dewey: «¿Cuándo se pronunciará el tribunal sobre el segundo recurso? Dios mío, ojalá supiera cuándo acabará todo este maldito asunto. Por cierto, ya es seguro que podré estar ahí para presenciar el final, si lo hay y cuando sea [...] Escribiré una carta a Cliff para pedirle que me deje asistir, como reza la excelente expresión de Marie, a la "escena final". Espero que Alvin tenga razón y que la fecha llegue más pronto que tarde [...] Todas estas imprecisiones, rechazos y moratorias acabarán por desesperarme [...] Estoy hundido en la desesperación. Hay novedades muy lamentables. Ya hace año y medio que condenaron a los chicos, y ahora, de repente, a causa de alguna putada legal, parece que va a haber un nuevo juicio. Lo que significa que pueden pasar otros dos años antes de que el maldito asunto quede sentenciado y yo pueda acabar el libro». El 3 de junio de 1962, en una carta a Donald Windham, aparece por primera vez una referencia a la casa de Sanià: «Aquí tenemos una casa sensacional, muy aislada y justo frente al mar. Jack empezó a bañarse a principios de mayo, pero para mí el agua aún está demasiado helada». El 6 de julio de 1962 le escribió a Cecil Beaton: «Llevo una vida tan monástica... No tengo ni una novedad. La semana que viene llegan los Paley para pasar unos días». El 16 de agosto les escribió a los Dewey: «¿Es que esto nunca va a terminar? Justo ahora que estaba convencido de que las cosas empezaban a marchar. Ya vuelvo a estar desanimado [...] solo quiero seguir adelante con el libro, aunque tampoco sé muy bien por qué, pues parece que nunca llegaré a publicarlo». El 4 de septiembre de 1962 le escribió a Marie Dewey: «Me he involucrado tanto con este libro que ha llegado un punto en que de lo que salga va a depender todo mi futuro como artista, y tanta incertidumbre afectando a la obra, pues bien, acaba desmontándome». El 10 de septiembre de 1962 le escribió a Bennett Cerf: «Evidentemente, ten en cuenta que no puedo terminarlo hasta que el caso alcance un final jurídico, ya sea la ejecución de Perry y Dick (el final más plausible) o la conmutación de la pena (altamente improbable) [...] se trata de la obra más difícil que haya escrito en mi vida [...] algo doloroso con lo que he convivido día y noche largo tiempo. Pero habrá valido la pena: lo sé». El 15 de septiembre de 1962 le escribió a Alvin Dewey: «Conque el 25 de octubre», dice refiriéndose a la fecha de la ejecución. «Por fin llegamos a alguna parte: eso confío y espero, y por ello rezo [...] ¿Llegarán H. y S. a una vejez madura y feliz, o los van a colgar, haciendo más felices aún a muchos otros?». El 20 de octubre de 1962, cuando ya había abandonado la casa de Sanià, les escribió a los Dewey desde Verbier: «Al fin, cuando llegue el momento final (ruego a Dios), tienes que estar ahí. Había planeado que tú fueras el punto de vista, así que en cierto sentido preferiría que fueras tú quien estuviera presente, y no yo».

El ánimo entusiasta y cantarín de 1960 –¡voy a escribir un gran libro!– se transforma en la ansiedad taquicárdica producida por los aplazamientos de la ejecución en 1961 y en la histeria descompuesta de 1962.

Es martes por la mañana. El cielo y el mar se unen en un semicírculo plateado. El orgullo del paisaje despampanante. Quiero hacer algo con tanto esplendor, sin saber qué. Caigo en socavones de silencio y, cuando hablo con alguien, me siento fresca y reconcentrada como una aguja de pino. Salgo poco, solo para correr. La casa me reclama, me pide algo que no sé qué es. Un tributo, una parte de mí.

El día en que llegué, bajé a la cala. Hay que descender por una escalera tallada en la montaña y atravesar una puerta de rejas. Cuando la abrí, sentí que entraba a una existencia superior. Si estas puertas estaban aquí en 1962, es posible que muy cerca de ellas Capote haya intentado protegerse del fuego.

Iluminado por el incendio, aferrado a los papeles, aterrado ante la idea de perderlo todo: la escena parece demasiado cinematográfica, demasiado perfecta para ser real, pero sucedió. En una carta enviada a los Dewey el 8 de agosto de 1962, Capote decía: «Ayer pasó una gran aventura: un incendio forestal quemó la finca de al lado de la nuestra y casi nos engulló. Cuando los bomberos (eran casi cuatrocientos) nos dijeron que teníamos que abandonar la casa, lo único que cogí fue El Libro y todo el material relativo a él. Pero la casa se libró del fuego, gracias a Dios. Me siento muy desdichado por lo de Marilyn

Monroe: era una chica tiernísima y una buena amiga. La quería». No fueron cuatrocientos, pero tendía a la exageración: veinticinco maletas, cuatrocientos bomberos.

–Un día, Truman me llamó por teléfono diciendo: «Hay un incendio en el bosque y tengo miedo de que el fuego venga hacia la casa» –dice Josep Colomer–. Entonces llamé a un señor que era dueño de la fábrica de caucho de aquí y le pedí si podía hacer el favor de que vinieran los bomberos que ellos tenían para echar una mano. Dijo que sí y vinieron con los camiones. Lograron parar el fuego y Truman Capote respiró. Estaba acurrucado en un rincón junto al mar con lo que había escrito, así, abrazado. No quería sacar nada del sitio, solo él y el libro.

–¿Usted lo vio abrazado al manuscrito?

–Hombre, sí, fui con los bomberos para darle tranquilidad y que se calmara. Estaba asustado, pero más que nada tenía miedo de perder todo lo que había escrito, que era muy importante. Creo que no tenía miedo por él, pero tenía miedo de perder su tesoro, que era el libro.

–¿Nunca los invitó a la casa de Sanià a cenar o algo así?

–¿A nosotros? No –dice Colomer, como si no se le hubiera ocurrido nunca esa posibilidad.

–Era un pasota total, era un fresco –dice Ana, la hija.

–¿Cómo lo llamaba usted a él?

–Señor Capote.

–¿Y él a usted?

–Señor Trias. El segundo apellido de mi madre.

–¿Les mandó ejemplares de *A sangre fría* cuando se publicó?

–No. Ese libro lo compramos luego.

–¿Nunca volvieron a tener contacto?

–No. Ya no vino más por aquí. Como si hubiera desaparecido. El problema era que su amigo era homosexual y tenía mucha afición a la nieve. Truman le compró un apartamento en Suiza y con esto ya lo desviaron de Cataluña. La relación quedó como parada, pero como amigos.

–¿Recuerdan la última vez que lo vieron?

–No –dice Josep.

–No –dice Ana.

Me levanto de la mesa un momento y, cuando regreso, Josep Colomer dice:

–Tuvimos el privilegio de vivir tiempos excepcionales.

Ana comenta, mientras caminamos hacia la salida, que nunca había escuchado hablar a sus padres «con tanto detalle» acerca del paso de Truman Capote por Palamós. Yo, sin embargo, siento que han contado lo mismo de siempre. Pero es posible que, ante cada nuevo interlocutor, reviva en ellos el espejismo de la memoria recuperada.

Todos han muerto y los que no han muerto no recuerdan y los que recuerdan suman decoración. Pero, por otra parte, ¿qué podrían recordar de un hombre que escribe? ¿Qué podrían haber visto, si lo más relevante que sucede en la vida de un escritor es lo que sucede en su cabeza?

Un día de 1962, después de pasar el verano en Sanià, Truman Capote y Jack Dunphy dejaron Palamós rumbo a Verbier. Regresaron a Estados Unidos a comienzos de 1963 y nunca volvieron a tomar contacto con Josep Colomer ni con nadie de la Costa Brava.

Vuelvo de correr a mediodía. Subo por el camino de grava que lleva hasta Sanià y veo una nube de humo que avanza sobre los árboles. La nube es cada vez más densa. Parece venir desde la casa. En la zona hay una sequía intensa y carteles que alertan del peligro de incendio por todas partes. Corro más rápido. Pienso en Capote, aferrado a su manuscrito, y me digo que, si la casa se está incendiando, cada uno habrá sacado lo suyo y en este preciso instante mi computadora podría estar ardiendo. Pero cuando llego veo que no es humo sino niebla que llega desde el mar, velos de una materia truculenta y hermosa que asciende hacia la montaña. Corro cuesta arriba para verla desde allí. La visión es fantasmagórica: la casa y la cala acariciadas por esa fenomenología transparente que se traga el bosque.

Por la tarde, Sabina cuenta que la niebla la sorprendió cuando estaba nadando, que perdió noción de hacia dónde quedaba la orilla hasta que vio unos barcos y pensó: «Hacia allá está el mar». La frase me pareció maravillosa: ella estaba en el mar pero el mar estaba en otra parte.

En Nueva York, Capote retomó su rutina: almuerzos con amigas refinadas, fines de semana con los Paley, visitas a los Kennedy. Se compró un Jaguar azul. Viajó a Kansas a ver a Dick y Perry. Siguió esperando la muerte de los dos ocultándoles, a ambos, que la esperaba. «Escribir el libro no me resultó tan difícil como tener que vivir con él. Todo este maldito asunto, día a día y día a día. Fue mortificante, una verdadera fuente de ansiedad, tan desolador, tan anonadante, y... tan triste», dijo después.

Pienso en su fuerza de voluntad, en la hondura de su determinación, en todos esos años durante los que tuvo que sostener dentro de sí las cargas implacables del afecto que sentía por esos hombres y, a la vez, el intenso deseo de que los mataran. ¿Es posible que haya ignorado que la paradoja sobre la que estaba sostenido el libro podía aniquilarlo? ¿O lo sabía y marchó, aun sabiéndolo, hacia el desastre?

Hacía tres años que había dejado España cuando, el 18 de enero de 1965, el Tribunal Supremo rechazó la última apelación. El 19 de enero le escribió a Sandy Campbell, que le había dado la noticia: «Sandy: acabo de recibir el telegrama. ¡Dios te lo pague! Ahora toca cruzarlo todo: ¡rodillas, ojos, manos, dedos! Muchos besos».

Cinco días después, el 24 de enero, le escribió a Perry: «Querido Perry: acabo de saber que el Tribunal ha desestimado vuestra apelación. Me sabe muy mal. Pero recuerda: no es el primer contratiempo».

Tres días más tarde le escribió a Cecil Beaton: «Estoy terminando las últimas páginas del libro: me lo tengo que sacar de encima pase lo que pase. Ya casi me importa una mierda lo que suceda. Está en juego mi cordura».

En un lapso de nueve días: euforia por la muerte, crucemos dedos y ojalá suceda; ánimo, querido Perry, quizás esta vez tampoco te maten; si no los matan me voy a volver loco.

Manipulaciones graves que se pagan caro.

Devoro un libro tras otro. *El sermón del fuego*, de Jamie Quatro; *Glamourama*, de Bret Easton Ellis; *Mi nombre era Eileen*, de Ottessa Moshfegh; *Historia de una trenza*, de Anne Tyler; las seiscientas sesenta y seis páginas de una novela todavía inédita de Rodrigo Fresán. Ojeo dos libros de Linda Knausgård. Releo la biografía de Gerald Clarke, leo la biografía coral de Capote que escribió George Plimpton. Los libros circulan por la casa como una savia benéfica. Si la puerta del estudio de Sabina está abierta, puedo verlos en gran cantidad sobre su mesa. En una ocasión subo a cerrar un postigo que golpea en el cuarto de Marcos, mientras él no está, y veo libros desperdigados por el sofá, la silla, la mesa, abiertos y boca abajo como si los hubiera desperdigado el viento.

No hay grandes sucesos ni siquiera cuando parece haberlos. Un día regreso a la casa y veo, en la puerta, un camión de bomberos, una ambulancia, dos autos de la policía, pero adentro todo está en calma. Sabina lee en la terraza. Dice, sin inmutarse, que hace minutos pasó una avioneta muy cerca y después un helicóptero. Al final de la tarde sabremos que una mujer que hacía trekking se accidentó levemente.

Todos hacemos muchas cosas que, en otra parte, serían vistas como formas de perder el tiempo: leer, caminar, nadar, correr, escribir. ¿Qué podría decir sobre nosotros un improbable sujeto que, dentro de años, intentara, como intento con Capote, reconstruir nuestras vidas en Sanià? Sucede de todo y no sucede nada. Las cosas que importan suceden donde nadie las ve.

La nueva fecha de ejecución se había fijado para el 18 de febrero de 1965, pero volvió a postergarse. Capote estaba a punto del daño terminal, físico y psíquico. «Las numerosas apelaciones de Perry y Dick», escribe Gerald Clarke, «le causaron a Truman algo más que depresión y ansiedad. Le planteaban un insoluble dilema moral. Quería desesperadamente que se publicase su libro. Pero la publicación sería, casi con toda seguridad, inmediata a la desdichada muerte de dos hombres que lo consideraban su amigo y benefactor; dos hombres a quienes había ayudado, aconsejado y, en el caso de Perry, instruido.» La escritura es el rastro de un cuerpo y el cuerpo es su víctima gozosa. Durante la escritura del libro le diagnosticaron un envenenamiento por nicotina y tuvo que dejar de fumar. Sufrió un aplastamiento del nervio espinal. Padeció un ataque de reumatismo en la muñeca. Le hicieron una biopsia por un posible tumor en el labio. Se contagió de gripe asiática.

Finalmente, después de seis años de postergaciones, la ejecución quedó firme: sería el 14 de abril de 1965. Capote viajó a Kansas dos días antes, acompañado por Joseph Fox, el director de la sección literaria de Random House. Se alojó en el hotel Muehlebach. Perry lo llamó dos o tres veces. Un asistente del alcalde lo llamó en nombre de Perry ocho veces más. Él siempre se hizo negar. Perry le envió un telegrama: «Estoy esperanzado y esperando su visita. Tengo pertenencias para usted. Por favor, contésteme al recibo cuándo cree que llegará». Le respondió: «Querido Perry, no puedo visitarte hoy porque no está permitido. Tu siempre amigo, Truman». Las visitas, por supuesto, estaban permitidas. Fue a verlos una hora antes de que los colgaran. Estaban esposados, el cuerpo ceñido por un arnés. El patíbulo se había dispuesto en un galpón en el que se guardaban cachivaches. Llovía. Primero ahorcaron a Dick. Una hora después le tocó a Perry, que antes se acercó a Capote y le susurró: «Adiós. Lo quiero y siempre lo he querido». Hay distintas versiones de la reacción de Capote durante los ahorcamientos: que cerró los ojos, que contempló todo de manera impávida, que salió a vomitar. Ya en el hotel, llamó a Jack Dunphy llorando. «Pero Jack no lo compadeció», escribe Gerald Clarke. «"Ellos están muertos, Truman", le dijo. "Tú estás vivo".»

No era del todo cierto.

Estamos en la terraza, después de cenar. Bebemos, conversamos acerca de formas de suicidarse. Alguien dice: «Pastillas». Otro dice: «Sí, ¿pero cuántas?, ¿cómo puedes saber? ¿Y si quedas idiota?». Nicolás hace su apuesta: un kayak y al mar, con una escopeta a bordo. Yo digo que eso es cruel y un problema para los demás: tendrían que salir a buscarlo, gastar recursos, quizás no encontrarlo nunca. Días más tarde, él y yo salimos a caminar por la playa y la montaña. Es domingo. Nos detenemos en un acantilado, miramos hacia abajo. Yo digo que arrojarse al vacío debe ser espantoso: estar consciente durante toda la caída. Nicolás dice: «Imagínate si ni siquiera te matas». ¿Por qué, cuando uno se siente tan vivo, piensa en formas de aniquilarse? Mientras caminamos de regreso a Sanià seguimos hablando del asunto y acordamos que, de todos los métodos, la horca es el peor. ¿Qué es lo que mata?, ¿la asfixia, el cuello partido? Dick y Perry respiraron durante muchísimo rato hasta, finalmente, morir.

Capote pagó las lápidas de ambos. El 19 de abril de 1965 le escribió a Cecil Beaton: «El caso está cerrado [...] mi libro saldrá el próximo enero. Perry y Dick fueron ejecutados el martes pasado. Lo presencié porque así lo quisieron ellos. Fue una experiencia horrible. Es algo de lo que nunca me recuperaré. Algún día te contaré, si es que puedes soportarlo [...] Bendito sea Dios. Pero me parecía increíble verme tan de repente libre (relativamente) de años y años de tensión y desgaste. De momento solo me siento vaciado. Pero agradecido. ¡Nunca más!».

Terminó *A sangre fría* en junio de 1965, en Nueva York. Se publicó en el *New Yorker* por entregas –la primera, el 25 de septiembre de ese año– y como libro en enero de 1966. Fue un éxito. Capote aparecía en la televisión, en la portada de *Newsweek, Saturday Review, The New York Times Book Review. Life* le dedicó dieciocho páginas. Rebecca West dijo en *Harper's* que «Solo bendiciones puede merecer este solemne libro de Capote». Los elogios se repetían: «El mejor relato documental de un crimen americano jamás escrito», «Una obra maestra». En Londres tuvo casi mejor acogida que en Estados Unidos, excepto por la reseña de un examigo suyo, Kenneth Tynan, en *The Observer*: «Por primera vez un escritor de primera fila, e influyente, se ha encontrado en una situación tan privilegiada y cercana a unos criminales a punto de ser ajusticiados y, en mi opinión, haciendo menos de lo que pudo haber hecho para salvarlos. Me parece que la sangre con que ha escrito su libro es la más fría de toda la literatura reciente».

Tenía cuarenta y un años. Era famoso, casi millonario. Se compró un departamento en la Quinta Avenida. Meses después, el 28 de noviembre de 1966, organizó el Black and White Ball, una fiesta de máscaras en el hotel Plaza que congregó a quinientas cuarenta personas. Andy Warhol, Henry Fonda, Marella Agnelli, Lee Radziwill, Marlene Dietrich, Mia Farrow, Frank Sinatra, Lauren Bacall, Tennessee Williams, familias como los Rockefeller, los Vanderbilt, los Rothschild. ¿Fue la mejor manera de celebrar un libro por cuyas arterias corría tanta sangre: la de los Clutter, la de Perry, la de Dick? Capote repetía: «Nadie nunca sabrá lo que *A sangre fría* se llevó de mí. Me chupó hasta la médula de los huesos. Por poco acaba conmigo. Creo que, en cierto modo, acabó conmigo. Antes de empezar yo era una persona bastante equilibrada. Luego, no sé qué me sucedió. Sencillamente no puedo olvidarlo, especialmente los ahorcamientos al final». Quizás la fiesta intentó ser un exorcismo. No funcionó.

En enero de 1966, *A sangre fría* acababa de publicarse y el escritor y periodista George Plimpton lo entrevistó largamente. Capote dijo, entre otras cosas: «Me parecía que el periodismo, el reportaje, podía forzarse a producir una nueva forma de arte serio: la "novela de no ficción" [...] Varios reporteros admirables –Rebecca West, Joseph Mitchell y Lillian Ross– han demostrado las posibilidades del reportaje narrativo [...] Sin embargo, en general, el periodismo es el medio literario más subestimado y menos explorado. Porque pocos escritores de primera clase se han molestado alguna vez en hacer periodismo, salvo como actividad secundaria, "trabajo basura", algo que hacer cuando falta el espíritu creativo, o como medio de ganar dinero rápidamente [...] Cuando empecé a formular mis teorías sobre la novela de no ficción, muchas de las personas con las que hablé del tema me mostraron su antipatía. Pensaban que lo que yo proponía, una forma narrativa que empleaba todas las técnicas del arte de la ficción pero que fuera inmaculadamente factual, era poco más que una solución literaria para novelistas fatigados que sufrían de "fracaso de la imaginación"».

A sangre fría tiene una escena inventada: el encuentro final, en el cementerio de Garden City, entre Al Dewey y Susan Kidwell, la mejor amiga de Nancy Clutter. Conversan, ella le cuenta que está terminando la universidad, luego va a encontrarse con un novio. La situación es bucólica, despreocupada. El mensaje parece ser «la vida sigue a pesar de todo». Capote no quería terminar el libro con la ejecución. Le parecía truculento. Pero –más allá de que esa escena en el cementerio arroja una sombra de duda sobre el apego a los hechos que aseguró haber mantenido a lo largo de toda la historia– hubiera sido un gran final eso de: «Y ahora, cuando Dewey volvió a abrir los ojos, fue aquello lo que vio, los mismos diminutos pies que colgaban, oscilantes».

En la entrevista con Plimpton decía: «La forma del reportaje creativo [...] exige que el escritor controle por completo las técnicas de ficción, lo que significa que, para ser un buen reportero creativo, hay que ser un muy buen escritor de ficción». Sostenía que *Hiro-*

shima, un libro sobre la bomba atómica publicado por John Hersey en 1946, con una estructura y una prosa admirables, no era un antecedente de la novela de no ficción, sino una «pieza periodística clásica».

En 1957, casi diez años antes de que Capote dijera estas cosas, en la Argentina un hombre llamado Rodolfo Walsh, hasta entonces traductor del inglés y autor de cuentos portentosos, había publicado *Operación Masacre*, una historia de no ficción sobre una serie de fusilamientos clandestinos cometidos por el Estado en la que utilizó elementos formales de la ficción. Así como Harper Lee fue la llave maestra de Capote para hablar con los vecinos de Kansas, Walsh tuvo la compañía de una jovencita, Enriqueta Muñiz, que fue con él a todas partes y cuyos modos, menos hoscos, permitieron que los sobrevivientes y los deudos los recibieran. Una situación en espejo a miles de kilómetros de distancia y con la diferencia de una década. «La denuncia traducida al arte de la novela se vuelve inofensiva, es decir, se sacraliza como arte. Por otro lado, el documento, el testimonio, admite cualquier grado de perfección. En la selección, en el trabajo de investigación, se abren inmensas posibilidades artísticas», le dijo Walsh al escritor argentino Ricardo Piglia en una entrevista de 1970.

Pero aunque la «invención» del género sea discutible, Capote hizo algo único: fue el primer gran autor norteamericano de ficción que se abocó a investigar un hecho real, aplicó para eso técnicas en las que nadie lo había entrenado y señaló como valioso un género que, hasta entonces, se consideraba menor.

Operación Masacre afectó profundamente a la vida de Rodolfo Walsh, hasta entonces un hombre de ideas conservadoras que cambiaron radicalmente después de ese libro, al punto que en 1973 se transformó en militante montonero, una guerrilla armada de izquierda, y el 25 de marzo de 1977, cuando hacía un año que la dictadura había tomado el poder en la Argentina, fue acribillado en la calle por un grupo de tareas de los militares y aún sigue desaparecido.

Y Capote..., bueno, ya se sabe qué pasó con Capote.

A sangre fría hizo un camino virtuoso pero no ganó ningún premio de gran talla, como el Pulitzer o el National Book Award. Dos años después, Norman Mailer ganó ambos con *Los ejércitos de la noche,* una novela inspirada en la marcha que la izquierda hizo sobre el Pentágono el 21 de octubre de 1967. Capote se enfureció: «Hago algo que constituye una auténtica innovación y ¿quién se lleva los premios? Norman Mailer, que me dijo que lo que estaba realizando con *A sangre fría* era una estupidez, y que luego se sienta a escribir una completa falsificación [...] Se ha aprovechado de todo lo hecho por mí, de mi tremendo trabajo y de mi técnica experimental, haciéndolo pasar como cosa suya [...] le dan todos los premios y a mí nada. Y creo que me los merecía [...] Así que me dije: "Que os jodan a todos". Si sois tan injustos y no sabéis cuándo algo es único y original, ¡pues que os jodan! [...] Si no sabéis apreciar algo realmente extraordinario como *A sangre fría* y los cinco años y medio que le he dedicado, y todo el arte, y el estilo, y el talento, que os jodan».

Excepto por dos piezas sueltas –«En la antesala del paraíso» y «El invitado del día de Acción de Gracias»– no había vuelto a escribir ficción desde *Desayuno en Tiffany's*, diez años antes. Así que se propuso terminar un proyecto del que había estado hablando ya en los años cincuenta. «Cuando vi que no me daban aquellos premios, me dije: "Voy a escribir un libro que os va a dejar a todos avergonzados de vosotros mismos. Vais a ver lo que un escritor verdaderamente dotado puede hacer si se lo propone".»

El nuevo libro iba a titularse *Plegarias atendidas*. Pero no pudo demostrarle nada a nadie. Solo se demostró a sí mismo que hay infinitas formas de caer.

Durante mi estadía en Sanià intercambié correos a diario con el escritor argentino Rodrigo Fresán, que vive en Barcelona. Un día me dijo que había tenido un encuentro con Capote. Le pedí que me contara. «Fue poco antes de que muriera. Un par de años antes o algo así. En Madrid, frente al Palacio de Correos, en un pub irlandés que todavía está ahí. Era al mediodía, entré a tomar algo, era un verano de calor infernal, y desde la barra vi a un tipo como derrumbado en una de esas mesas-boxes-compartimientos que hablaba solo y tenía varias copas vacías sobre la mesa. No le presté atención, pero el tipo de tanto en tanto subía de volumen una voz como de muñeca y lo miré mejor y me dije: "No puede ser...". Así que me acerqué a la mesa y le dije: "Excuse me, are you Truman Capote?". Y el tipo sonrió con la sonrisa más triste que vi nunca y me respondió: "I used to be Truman Capote". Me quedé mudo y di media vuelta y me alejé temblando. Y colorín colorado...»

El 18 de abril le pregunté: «¿Se te ocurren casos de otros escritores que, como Truman Capote con *Plegarias atendidas*, se hayan cargado su trayectoria con un solo libro después de haber tenido una carrera rutilante o estar en plena subida?». Siete minutos después me respondió: «A ver... Está el caso de Harold Brodkey con *The Runaway Soul*, que lo anunció durante décadas y decepcionó a todos (pero no fue su último libro, aunque acabó un poco con su mito). Melville, también, se vino abajo con *Moby Dick* y lo que siguió luego de ser best-seller... Mailer es otro que anunciaba mucho y su ocaso fue un poquito deslucido. Pero me parece que el caso de TC es bastante único».

Era un entrevistado inteligente y divertido, sibilino, maligno. Cuando Lawrence Grobel le preguntó qué opinaba de Joyce Carol Oates, respondió: «Es un monstruo al que debería decapitarse en un auditorio público [...] Verla es odiarla. Leerla es vomitar». Sobre Updike: «Lo odio. Me aburre todo lo que tenga que ver con él». Sobre Mick Jagger: «Mick es un pelmazo». Sobre Bob Dylan: «Siempre he pensado que Dylan era un farsante [...] Es otro oportunista que quiere hacer carrera y sabe muy bien adónde va». Pero cuando le preguntaban por la ejecución de Dick y Perry no hacía ninguna broma. Era escueto y respondía: «Fue la peor experiencia de mi vida. Punto».

En *Tiny Terror: Why Truman Capote (Almost) Wrote Answered Prayers* (2011), William Todd Schultz dice: «Cuando Perry murió, una parte de Capote murió también [...] Después de todo, una cosa es que muera un amigo cercano. Otra cosa es ver cómo lo ahorcan. Los efectos emocionales de esa imagen son difíciles de calcular. Y terminar *A sangre fría*, después de prácticamente una década de preparación, fue también una especie de muerte. Cuando un período de intensa creatividad llega a su fin, se produce un bajón de energía, una sensación de pérdida. La obsesión necesaria para el éxito de la obra se desvanece bruscamente, dejando un vacío. Durante mucho tiempo hubo algo, siempre ahí, siempre distrayendo la mente, exigiendo soluciones a los problemas creativos; luego no hay nada. Capote volvió a sí mismo, a su vida, a quien era. Era un hombre cambiado, quizás, pero también el mismo, con las mismas necesidades, los mismos sentimientos, las mismas inseguridades profundas. Lo que solía hacer, desde su juventud, era escribir para salir del agujero».

Llegué aquí llena de zozobra, cantando un canto secreto, plegarias atendidas que no verán la luz. Llegué, también, transida por el vacío que me había dejado el libro que había escrito, esa zona de oscuridad que cuesta dejar atrás, un tiempo pesado y lento en el que nada tiene sentido. Ahora, en apenas semanas, la casa, la cala, el mar, los pájaros, la pradera, descerrajaron en ese vacío un disparo de luz fulminante. Aunque el canto secreto sigue conmigo, el vacío ha dejado de vivir en mí.

Pero darle a un ser humano una existencia tan grande como la que obtuve en este sitio no sirve para nada. Soy un sujeto arrojado a una órbita sin gravedad en torno a un planeta al que ya no pertenezco. ¿Qué es un final? Un destierro. Quizás allí, en el final, en esa tierra de nadie, esté el comienzo.

Sin embargo, para Capote el final fue solo eso: el final.

La fecha de publicación de *Plegarias atendidas* estaba prevista para 1968, pero se postergó una y otra vez. «En 1971», se lee en la biografía de Clarke, «cuando ya se habían terminado todos los plazos que Random House le había extendido, dijo: "La verdad es que en el fondo no deseo realmente terminarlo. Porque se ha convertido en parte de mi vida. Es como agarrar de pronto a un hermoso animal, o a un niño, a un niño encantador, sacarlo al patio y pegarle un tiro en la cabeza, porque ya nunca volvería a ser mío".»

Plegarias atendidas nunca fue un hermoso animal ni un niño encantador. En 1975, *Esquire* publicó el primer capítulo, «Mojave». El segundo, titulado

«La Côte Basque, 1965», se publicó en 1976 y ventiló, con nombres apenas disfrazados, intimidades humillantes de sus amigas ricas: Lee Radziwill, Pamela Churchill, Babe Paley, Gloria Guinness. Chismes, infidelidades, traiciones, cuentos acerca de sábanas de hotel bañadas en sangre menstrual de las amantes de sus maridos. Todas se reconocieron, y las casas de esas mujeres a quienes Capote había adorado se cerraron con desprecio. Se transformó en un paria. Si en público decía que no le importaba –«¿Qué creían, que estaban con un bufón contratado para divertirlos? No: estaban con un escritor, y pagaron el precio»–, en privado se lamentaba horriblemente: «Yo no quería herir a nadie. No creía que fuera a provocar tanto alboroto», le decía a su amiga Joanne Carson.

Desde ese momento, solo hubo campos quemados.

Sabina y Marcos parten un domingo en la mañana y el sábado en la noche hacemos una cena de despedida. La llamamos «fiesta», aunque somos pocos. Estamos todos menos Marisa porque su perro, Thor, está enfermo. Ari preparó cordero, salsas, vegetales asados. Mike, un ponche. Bebemos mucho. Bebemos más. Bebemos demasiado. En un momento, subo a mi cuarto con la intención de regresar al patio, donde están todos, pero me quedo dormida. Me despierto tarde, cuando Marcos y Sabina ya se han ido. La casa está sumida en un silencio extraño. Abro la puerta de la habitación y veo algo apoyado sobre la banqueta del pasillo. Me acerco. Es un libro de Sabina. Arriba hay una tarjeta. Leo, en letra de imprenta impecable: «Pichorrica: Leila's room is across the way. Thank you». Si yo llorara, me pondría a llorar.

Capote completamente borracho cayendo desde el estrado de una universidad en la que hacía una lectura. Capote deambulando en la noche lleno de pastillas y alcohol, extraviado al salir de una fiesta. Capote estrellándose con su auto. Capote entrando en clínicas de rehabilitación. Capote orinándose en la cama. Capote durmiéndose en un charco de su propio vómito. Capote bebiendo vodka desde el desayuno. Capote presentándose con el rostro deformado, una inflamación barbitúrica, inconexo y beodo, en el programa de televisión de Stanley Siegel, Stanley Siegel preguntándole: «¿Qué va a pasar si no termina este problema de las pastillas y el alcohol?», y Capote respondiéndole: «La obvia respuesta es que algún día me mataré».

En el libro de Clarke se lee este testimonio: «Cuando me levanto por la mañana, a los dos minutos ya estoy llorando. No paro de sollozar. Y todas las noches me pasa lo mismo. Tomo una pastilla, me meto en la cama y empiezo a escribir o a releer lo escrito y de pronto empiezo a llorar. Un dolor insoportable. ¿Cómo voy a poder vivir siempre con ello? No se trata de un dolor por algo concreto. Es por un montón de cosas. Me siento muy desgraciado. Hay algo que debo solucionar. Hay algo que no funciona [...] Debido a mi infancia, debido a que siempre he tenido la sensación de ser abandonado, algunas cosas tienen sobre mí un efecto increíble, más allá de lo que cualquiera pueda sentir. Por eso es por lo que la gente que sé que me quiere, como Slim Keith, como Babe, como Marella Agnelli, se portan como tontos. No han entendido nada de lo que estoy haciendo con *Plegarias atendidas*, ni por qué lo hago, y están siendo muy crueles. No se dan cuenta de que lo que hacen es cruel porque no saben que pasé tres o cuatro años de pequeño encerrado en habitaciones de hotel. Puedo contar con los dedos de una mano la gente a la que realmente le importo y desea verme salir de mis problemas [...] Miles de veces me he preguntado: "¿Por qué me ha pasado esto? ¿Qué es lo que he hecho mal?". Creo que alcancé la fama demasiado joven. Apreté demasiado, demasiado pronto».

Sin embargo, aún hundido, en 1979 escribió una serie de joyas perfectas («Una adorable criatura», que narra un encuentro imaginario con Marilyn Monroe; «Un día de trabajo», que consiste en un recorrido junto a una mujer que limpia diversos domicilios de Nueva York; *Ataúdes tallados a mano*, una novela corta inspirada en una historia que le contó Al Dewey) que reunió en *Música para camaleones*, de 1980. En el prefacio escribió: «Me divertía muchísimo al principio. Dejé de divertirme cuando descubrí la diferencia entre escribir bien y mal, y luego hice un descubrimiento más alarmante aún: la diferencia entre escribir muy bien y el verdadero arte.

Una diferencia sutil pero feroz. Después de eso, cayó el látigo». En los párrafos que siguen, cae como un dios loco sobre su obra anterior y la despedaza. Releyéndose, dice, descubrió que su estilo era «demasiado denso, que me llevaba tres páginas conseguir efectos que debería lograr en un solo párrafo [...] Releí *A sangre fría* y tuve la misma reacción: en muchas partes el estilo no era tan bueno como debería ser, y no liberaba todo el potencial. Lentamente, con una alarma que iba en aumento, volví a leer cada palabra publicada en mi vida, y llegué a la conclusión de que nunca, ni una sola vez en mi carrera de escritor, había explotado toda la energía ni toda la excitación estética contenidas en el material. Me di cuenta de que, hasta en las mejores partes, trabajaba con la mitad, e incluso un tercio, de las posibilidades que tenía [...] la mayor dificultad que tuve al escribir *A sangre fría* fue no participar [...] Yo sentía que era esencial, para el tono aparentemente objetivo del libro, que el autor permaneciera ausente [...] Ahora, sin embargo, me coloqué en el centro del escenario y empecé a reconstruir [...] conversaciones cotidianas con personas comunes: el encargado de mi edificio, un masajista en el gimnasio, un viejo compañero de escuela, mi dentista. Después de escribir cientos de páginas sencillas, llegué a conseguir un estilo [...] Más tarde, utilizando una versión modificada de esta técnica, escribí una *nouvelle* verídica (*Ataúdes tallados a mano*) y una cantidad de cuentos. El resultado es el presente volumen».

En 1983, hablando con Lawrence Grobel acerca

de *A sangre fría*, dijo: «No volvería a hacerlo. Si hubiera sabido en qué me iba a meter cuando lo empecé, no lo habría hecho, sin tener en cuenta cuáles habrían sido los resultados [...] Fue la experiencia más impresionante de mi vida como creador». «¿Y de su vida como persona?», preguntó Grobel. Capote respondió: «No».

Música para camaleones fue su última gran canción. *Plegarias atendidas*, su no tan secreta forma de vengarse de sí mismo.

El último día que paso en la casa tomo fotos de todo: los armarios, los postigos, los techos, la cama, el pasillo, la escalera que baja hacia la biblioteca. Ayer corrí en la mañana diciendo adiós a los campos de colza, los fardos, el trigal. Después, en la tarde, fui hasta el mar que jadeaba cubriendo las rocas como un animal violento. Regresé a la casa por el bosque, el aire alto y roto por el canto de los pájaros, evocando el fantasma de ese hombre que, en este sitio, activó esquirlas que viajaron, años más tarde, hasta su corazón. Ahora me voy. Quizás para aparecer en otra parte. Con las esquirlas a toda marcha, abriéndose paso hacia mi propio corazón.

En *Tiny Terror*, William Todd Schultz escribe: «*A sangre fría* lo hizo un hombre rico [...] Pero Capote no había nacido rico [...] era un *outsider*. Era rico, pero no era *de* la estirpe de los ricos. Entró al club, pero no pertenecía a él [...] *Plegarias atendidas* era una declaración de su condición de *outsider* [...] Capote era un destructor. Si no conseguía lo que necesitaba, salía el pirómano que llevaba dentro. "La Côte Basque, 1965" fue una autoinmolación que no dejó a nadie indemne [...] Tuvo una muerte triste y solitaria. En cierto modo, él la planeó. Nunca esperó ser amado; esperaba ser rechazado, y al final lo fue [...] Viajó por todas partes para encontrar el amor de las formas en que sabía hacerlo, algunas realmente destructivas [...] Murió, como Perry. Se suicidó, como Lillie Mae [...] Incluso los cisnes volaron ante el sonido de los perdigones. Sin embargo, fue un gran sonido. Y todos lo seguimos oyendo».

El 25 de agosto de 1984, Capote estaba en Bel Air, en casa de su amiga Joanne Carson. Ella lo vio mal, quiso llevarlo a una clínica pero él la detuvo: «No paramédicos, no doctores. Si realmente me amas, me vas a dejar ir». Murió repitiendo la palabra «mamá», la frase «Siento frío», algunas incoherencias. El diagnóstico fue «desorden del ritmo cardíaco». No tenía rastros de alcohol en la sangre, pero había consumido en los días previos cantidades de Valium, Dilantin, codeína, Tylenol y barbitúricos.

Años antes, en notas que había tomado para *Plegarias atendidas*, escribió: «La felicidad deja muy tenues huellas; son los días negros los que están prolijamente documentados».

Quizás siempre estuve equivocada. Quizás por eso no hay menciones a este lugar en sus cartas, en sus entrevistas, en sus libros. Quizás, a pesar de la agonía de la espera, este fue el sitio de los últimos días transparentes.

Más de un mes atrás, cuando Pablo fue a buscarme al hotel Trias para llevarme de regreso a Sanià, me preguntó cómo me había ido con las averiguaciones en el pueblo. Le respondí que había recuerdos inventados o repetidos, pistas falsas, memorias borradas. Se rió y dijo:

–Si Capote hubiera sido futbolista, tendríamos hasta los botines.

Entonces, tan al principio, sentí que no hacía falta lo demás. Que Pablo ya lo había dicho todo. Incluso este final.

Agradecimientos

A Rodrigo Fresán: por las ideas, los libros recomendados, la generosidad, las pistas, la conversación, la confianza, la complicidad, la compañía.

A Nicolás Gaviria. Él sabe. Y por haberme llevado a la casa Sanià.

A Juan Pablo Martín: por lo de antes, lo de durante y lo del final.

A Ari, Mike, Inma, Marisa: por todo.

Sin ellos, este texto, y la tenue huella de la felicidad, no hubieran sido posibles.

Nuevos cuadernos Anagrama

Impreso en Talleres Gráficos
LIBERDÚPLEX, S. L. U.,
ctra. BV 2249, km 7,4 - Polígono Torrentfondo
08791 Sant Llorenç d'Hortons